KB075905

공부란 무엇인가

공부란 무엇인가

초판 1쇄 발행 2020년 8월 26일
초판 8쇄 발행 2023년 10월 23일

지은이 김영민
발행인 김형보
편집 최윤경, 강태영, 임재희, 홍민기, 박찬재
마케팅 이연실, 이다영, 송신아   **디자인** 송은비   **경영지원** 최윤영

발행처 어크로스출판그룹(주)
출판신고 2018년 12월 20일 제 2018-000339호
주소 서울시 마포구 양화로10길 50 마이빌딩 3층
전화 070-5080-4113(편집) 070-8724-5877(영업)   **팩스** 02-6085-7676
이메일 across@acrossbook.com   **홈페이지** www.acrossbook.com

ⓒ 김영민 2020

ISBN 979-11-90030-63-2 03100

만든 사람들
편집 강태영   **교정** 윤정숙   **디자인** 김아가다   **조판** 성인기획

김영민

공부란 무엇인가

어크로스

돌이켜보니 놀라울 정도로 학교를 떠난 적이 없다. 미취학 아동 시절, 군 복무 시절, 유학을 앞둔 낭인 시절을 제외하고는 학교를 떠난 적이 전혀 없다. 그러다 보니 배우고 가르치는 일이 어느덧 삶의 양식(mode)이 되어버린 것 같다. 삶에 어두운 그림자가 드리우는 순간에 마약을 하거나, 개고기를 회로 먹거나, 관공서에 폭약을 설치하거나 그러지 않았던 것도 내가 배우는 와중에 있는 사람이었기 때문이라고 생각한다. 배우는 사람은 자포자기하지 않는다.

미숙한 교학(教學)의 과정이었기에, 돌이켜보면 부끄러워 잊고 싶은 순간들로 가득하다. 그러나 공부에 관한 생각을 모아 책을 내는 이 순간만큼은 오래전 나와 함께 공부하고 유학을 떠났던 학생이 보내온 한마디를 기억하고 싶다. "남아 있는 제자들에게 해가 될까 봐 차마 하지 못하는 마음이 들지만, 선생님의 빡센 트레이닝 덕택을 여기 와서 제대로 느꼈다는 말씀을 드리고 싶어요. ……이를 악물고 억지로 인정하게 되는……. 천둥벌거숭이 같던 저를 제자로 받아서 글 쓰는 법, 질문하는 법, 아규먼트(argument) 만드는 법 제대로 알려주셔서 진심으로 감사드립니다."

이 책에 실린 내용 일부는 〈중앙SUNDAY〉에 게재되었다. 지면을 베풀어주신 〈중앙SUNDAY〉 여러분, 원고를 읽고 유익한 조언을 해준 폴리나, 책을 만들어 독자들과 생각을 나눌 수 있게 해준 강태영 편집자를 비롯한 어크로스 여러분께 감사드린다.

2020년 여름
김영민

낙화암에서 떨어진다고 모두 꽃은 아니다

한국 사회는 어떤 곳일까? 세계 11위권의 경제 규모만으로는 이곳의 삶을 핍진하게 설명할 수 없다. 멕시코와 더불어 한국의 평균 노동시간은 경제협력개발기구(OECD) 회원국 중에서 가장 긴 축에 속한다. 그런데 사회 공정성 조사에서는 대부분의 사람들이 사회적 분배구조가 공정하지 않다고 대답한다. 그리고 종교인이나 사기꾼을 제외하고는, 자기 일상이 지향하는 삶의 목적에 대해서 안다고 이야기할 수 있는 사람은 드물다. 요컨대 이곳에서는 사람들이 고도의 경쟁 상태 속에서 각자 버틸 수 있는 이상의 에너지를 일에 쏟아 넣고 있는데, 그 일과 삶의 궁극적인 의미에 대해서는 묻기를 꺼릴 뿐 아니라 그 경쟁 과정이 공정하다는 생각조차 하지 않고 있다. 그렇다면, 이곳은 어떤 곳이란 말인가.

이곳의 삶은 급행열차와도 같다. 다들 전전긍긍하는 마음으로 어느 역에든 서지 않아도 좋으니, 창밖을 내다보지 않아도 좋으니, 목적지에 빠르게 도착하기만을 원한다. 목적지에 도달하기 위한 게임의 규칙이 불공정하다고 생각하기에, 누군가 먼저 목적지에 도착하더라도 상대의 성취를 인정하지 않고 시기하며, 먼저 도착한 이의 휴식을 방해하고, 뒷담화에 열을 올린다. 그러나 이 불공정 경쟁을 포기할 수는 없다. 경쟁에서 패하면 자칫 이 사회의 노비로 전락할 수 있으므로. 물론 경쟁의 종착지에 무엇이 기다리는지는 모른다.

경쟁에서 어떻게든 살아남기 위해 패거리를 만들고, 위계적인 '갑질' 관계를 일상화하고, 자칫 자신도 이 경쟁 속에서 죽임을 당할까 하는 두려움에 타인을 짓밟기를 서슴지 않는다. 시민사회를 지탱하는 공적 가치를 믿지도 않고 내면화해본 적도 없기에, 논리보다는 기분에 좌우되고, 자신의 목적을 달성하기 위해 로비와 강짜와 아첨에 의존한다. 목소리 큰 사람이 이긴다는 신념하에 고성을 지르다가 가끔 보게 되는 타인의 전락만이 그 와중에 지쳐버린 자신의 마음을 달래준다. 바위와 함께 굴러떨어지는 동료를 바라보며 스스로를 위안하

낙화암에서 떨어진다고 모두 꽃은 아니다

는 산비탈의 시시포스처럼.

　이탈리아의 예술가 피에르 파올로 파졸리니는 태양은 뜨겁고 세상에는 쓰레기뿐이라고 말했는데, 그럼에도 불구하고 우리는 살아간다. 다들 고만고만하기는 하지만 속 깊이 엉망진창인 삶 속에서 자신을 소진하다가 맞게 되는 미래는 어떤 것일까. 삶에 존엄이 깃드는 미래가 불가능하다는 것을 깨달은 이들은 출산을 거부하기 시작한다. 슬기롭고 여유 있는 인간이 되기를 포기한 기성세대는, 지하철 임산부 배려석에 앉아서는 젊은것들이 이기적이라 애를 낳지 않아서 나라가 망해간다고 고래고래 소리를 지른다. 모두 자기만의 에덴동산에 있는 것처럼 부끄러움을 모르지만, 언젠가는 결국 만개할 노화. 시민의 덕성과 복지가 부실한 사회에서 노인들은 도취할 자아가 사라진 자아도취자처럼 흐느끼게 될 것이다.

　이러한 삶의 모습은 청소년기에 사실 이미 시작되었다. 한국은 일찍부터 입시에 정열을 바친다는 점에서 교육열이 강한 나라이지만, 진정 무엇을 어떻게 공부해야 하는지에 대해서는 묻지 않는다는 점에서 교육에 냉담한 나라이기도 하다. 마치 부동산에 관심을 쏟으면서도, 그 부동산에서 어떻게 삶의 희로애락을 쌓아 올릴지에 대해서는 냉담한 것처럼. 사람들이 입시와 부동산에 초미의 관심을 보이는 것은 그것들이 계층 이동과 직결되어 있기 때문이다. 진학에 성공한다고 해서 갑자기 대단한 선물이 주어지는 것은 아니지만, 상급 학교 진학에 실패했을 때 치러야 할 사회적 대가는 혹독하다. 삶의 노역이 대물림되는 상태, 즉 노비가 될 수 있는 것이다. 이제 이 땅에서 교육과 부동산 투자는 계층 간의 이동을 촉진하기보다는 계층을 고착화한다.

이 과정의 무서움을 알고 있는 부모들은 자녀들을 경쟁의 한복판으로 밀어 넣는 '합리적인 선택'을 한다. 그 자녀가 유복한 가정에서 태어났다면, 백제 의자왕 같은 향락을 잠시나마 누렸을 수도 있다. 그러나 때가 되면, 부모와 사회라는 나당연합군이 쳐들어온다. 이제 이 땅의 많은 의자왕들과 젊은 국민들은 입시나 취직 준비를 위해, 유년과 청춘의 벼랑에서 낙하한다. 그러나 낙화암에서 떨어진다고 모두가 꽃은 아니며, 학교에 다닌다고 다 공부가 되는 것도 아니다. 입시생으로 혹은 취업 준비생으로 이제 학생들은, 삶을 살아갈 만한 가치가 있는 것으로 만드는 노력보다는 삶을 그저 살아내기 위한 노력에 익숙해져야 한다. 그러면서 그 과정에 들어가는 노력과 시간 자체가 삶이라는 점을 망각하게 된다. 즉 삶을 현재와 동떨어져 전개되는 무엇으로 보도록 길들여진다. 그러나 그들이 탄 급행열차의 종착지에는 무엇이 기다리고 있단 말인가.

중·고교가 입시 기관으로 변화되었다면, 대학은 취업 준비 기관으로 변질되었다. 대학은 진리를 추구한다는 말 대신에 졸업생 취업률과 자교 출신 엘리트 통계를 앞세운다. 대학이 취업과 무관할 필요는 없지만, 전적으로 취업 준비 기관이 될 필요 역시 없다. 그러나 취업난에 몰린 학생들은 높은 학점을 원할 수밖에 없고, 지옥으로 가는 길이 선의로 포장되듯, 대학 생활은 학점 인플레로 포장되어 있다. 그리하여 남는 것은 스펙이요, 남지 않는 것은 실력이다. 방학이 되면 유복한 집 자녀들은 해외에 인턴을 하러 가지만, 가난한 집 학생들은 동네 레스토랑 부엌에서 단무지를 썬다. 부모의 경제력 순으로 학점이 나온다고 믿게 된 이들은 부모의 얼굴도 마주하기 싫어지고, 성실한 시민이 되기도 싫어지고, 마침내 목전의 공부에 흥미를 잃어버리게 된다.

이처럼 젊은 날 입시와 취업으로 환원되지 않는 어떤 공부를 할 기회를 박탈하는 것은 그 화려한 시간에 대한 모욕이 아닐까. 마치 날씨가 너무 좋은 날 경치가 아름다운 길을 돌아보지 않고 바삐 지나치는 것이 그 시간에 대한 모욕인 것처럼. 나중에 돌이켜본 자신의 화양연화(花樣年華)가 기껏 수능 시험을 얼마나 잘 보았나, 혹은 얼마나 명문 대학에 입학했는가, 정도라면 그것은 그보다 흥미로운 지적 체험이 없었다는 자기 고백일 뿐이다. 중년에 이르러 용케 경제적 여유를 얻은 이들은, 대학의 최고위 과정에 등록해보지만, 그곳은 엄격한 지적 탐구보다는 사회적 네트워킹이 이루어지는 장소다.

제대로 공부를 하지 않을 때 충만한 것은 거품 같은 공허뿐이다. 생각할 수 있는 근력이 없기에, 그 공허를 채우기 위해서 자신의 생각을 대신해줄 강력한 타자를 갈구한다. 그리하여 '진리'를 설파하는 사이비 지식인이나 종교 지도자나 독재자가 번성하게 된다. 장기적인 것, 공적인 것, 엄정한 것을 추구하기보다는 말초적인 욕망의 충족과 단기적인 이익의 추구와 근거 없는 인정 욕구가 남발하게 된다. 선생들은 논리와 웅변술을 가르치는 대신에 술자리에서 삼행시를 읊고, 학생들은 클럽에 춤추러 가서 학생증을 보이며 "××대생 만나본 적 있어요"라고 속삭인다.

오스카 와일드는 "우리는 모두 시궁창에서 살아가고 있지만, 그 와중에도 몇몇은 별빛을 바라볼 줄 안다"고 말한 적이 있다. 우리 스스로가 별이 될 수는 없지만, 시선을 시궁창의 아래가 아니라 위에다 둘 수는 있다. 이 사회를 무의미한 진창으로부터 건져낼 청사진이 부재한 시기에, 어떤 공부도 오늘날 우리가 처한 지옥을 순식간에 천국으로 바꾸어주지는 않겠지만, 탁월함이라는 별빛을 바라볼 수 있게는 해줄 것이다.

낙화암에서 떨어진다고 모두 꽃은 아니다

이미 존재하는 더 나은 것에 대한 감수성을 길러주고, 나아가 보다 나은 것이 존재할 수 있다는 것을 믿게 할 것이다. 그러한 믿음 속에서야 비로소 비방과 조소를 넘어서는 논리와 수사학의 힘을 빌려 공적 영역을 구성할 수 있을 것이다. 계속 읽고 쓰고 논의하는 과정에서 비로소 가능한 인간의 변화에 대해 믿게 될 것이다. 입시와 취업으로 전적으로 환원되지 않는 어떤 탁월함을 목표로 공부를 하게 될 때, 아마 한국인은 양념 치킨보다 더 멋진 것, 이를테면 잘 양념된 삶을 이루고 향유하게 될 것이다.

그렇다면 대학이나 시민사회가 피어나지 못한 탁월함의 묘지가 되어서는 안 된다. 대학의 사막화가 한창 진행 중인 오늘날, 무성한 대학 입시 논의만큼이나 이제 대학에 가서는 무엇을 배워야 하는지 그리고 성숙한 시민으로서는 무엇을 공부해야 하는지 논의할 때가 되었다. 이 공부 에세이 모음이 그러한 논의에 실낱같은 기여라도 할 수 있기를 희망한다.

John Frederick Kensett, Newport Rocks(1872)

1부

공부의 길

—

지적 성숙의 과정

이 세상 속에서 산다는 것은 이러한 모순, 긴장, 혹은 혼란 속에서 사는 것이다. 이 세상을 주제로 논술문을 쓴다는 것은 그러한 모순과 긴장과 혼란을 직시하되, 그에 대해 가능한 한, 모순 없는 문장을 사용하여 자신의 주장을 펼친다는 것이다.

명료함은 사람들을 화나게 한다
정확한 단어 사용법

죄송합니다, 고객님. 오늘치 인내력이 바닥났습니다. 다음에 다시 찾아주십시오. 이렇게 말하고 자리를 박차고 일어나고 싶다. 상대가 무례한 경우에만 그런 것은 아니다. 상대가 주섬주섬 조리에 맞지 않는 말을 길게 늘어놓을 때도 그럴 수 있다.

조리에 맞지 않는 말의 기본적인 특징은, 사용하는 단어를 부정확하게, 그리고 일관되지 않게 사용하는 것이다. 누군가 단지 멋있게 들린다는 이유 하나로, 하드웨어(hardware)의 문제를 구조적(structural) 문제라고 부르는 경우를 생각해보자. 그가 "이 세탁기는 구조적인 문제가 있어"라고 하면, 그것은 세탁기 기계 구조 자체에 문제가 있다는 뜻이 아니라 그냥 세탁기 부품이 고장 났다는 뜻이다. 그가 "우리 사회는 구조적인 문제가 있어"라고 하면, 그것은 우리 사회의 구성 요소들 간에 지속적인 문제가 있다는 뜻이 아니라 우리 사회에 건설된 댐이나 빌딩에 문제가 있다는 뜻이다. 그가 일관되게 하드(hard) 혹은 하드웨어를 구조 혹은 구조적이라는 말로 바꾸어 쓰기라도 한다면, 그나마 그의 말을 알아들을 수는 있을 것이다. 그러나 그는 문서 파일을 프린터로 출력해달라고 할 때, '하드 카피(hard copy)'를 한 장 출력해달라고 하지, '구조적 카피'를 한 장 출력해달라고 하지는 않는다. 이런 사람이 한강 다리가 붕괴하는 것을 보며, "이 사회에는 구조적 문제가 있어"라고 주장한다면, 과연 한강 다리라는 물리적 대상에 문제가 있다는 말일까, 아니면 부실 건축의 원인이 한국 사회의 틀 자체에 있다는 말일까.

의사소통을 하다가 그만 미쳐버리지 않으려면, 소통 중에 사용되는 유사어 간의 차이를 판별해야 한다. 이를테면, 구름, 수증기, 김과 같은 단어들을 생각해보자. 수증기는 물이 투명한 기체 상태로 된 것이기에 눈에 보이지 않는다. 반면, 구름은 수증기가 작은 물방울, 혹은 얼음 알갱이로 변하여 공중에 떠다니는 것으로서 가시적인 것이다. 김 역시 수증기가 찬 기운을 받아서 엉긴 작은 물방울로서 수증기와는 다르다. 사람들이 거창한 주장을 할 때 종종 들먹이는 국가, 정부, 사회, 공동체 등의 단어들, 그리고 민족, 겨레, 종족 등의 단어들 역시 유사하지만 다른 단어들이다. 그러한 단어들의 뜻을 제대로 판별하여, 맥락에 맞게 활용하지 않는 한 정교한 의사소통을 기대하기는 어렵다. '유교'나 '실학' 같은 단어의 의미를 통제하지 못한 나머지 교착상태에 빠지고 만 한국의 어떤 학술 담론처럼.

그런데 같은 단어라고 해서 반드시 같은 뜻을 담고 있을까? 한동안 한창 언론에 오르내린 '비핵화'라는 단어의 쓰임을 생각해보면, 꼭 그런 것 같지도 않다. 북핵 협상 당사자들이 '비핵화'라는 단어에 같은 뜻을 부여하고 있는지 우리는 아직 확신할 수 없다.

보다 가까운 예로, 살면서 누구나 한 번쯤은 실없이 사용한 적이 있을 법한 단어, '사랑'을 생각해보자. 똑같이 '사랑해'라고 말하더라도 사람들은 그 말에 각기 다른 의미를 담는다. 감정이 석류처럼 풍부한 A가 '사랑해'라고 하면, 그것은 당신과 정서적인 교감을 나누자는 말이다. 성욕이 성게알처럼 흘러넘치는 B가 '사랑해'라고 하면, 그것은 당신과 격렬한 성교를 하고 싶다는 말이다. 반지를 손에 쥐고서 C가 애걸

하듯이 말하는 '사랑해'는 당신과 결혼하고 싶다는 말이다. 생활고에 지친 D가 내뱉는 '사랑해'라는 말은 당신과 싸우고 싶지 않으니 제발 자신을 혼자 내버려두라는 말이다. 여기서 말하는 A, B, C, D는 별개 사람이 아니라 같은 사람이 생애 주기의 여러 국면에서 사랑의 의미를 달리하는 모습일 수도 있다. 상황이 이러할진대, 사랑이라는 단어가 극히 고매한 뜻을 담을 수도, 극히 저열한 뜻을 담을 수도 있는 것은 놀라운 일이 아니다. 성직자가 전례를 집전하면서 '사랑'을 말할 때, 그 사랑에는 고매하고 신성한 뜻이 담겼으리라. 반면, 영화 〈비스티 보이즈〉에서 배우 하정우가 여자를 구타하며 "사랑한다구, 씨발년아!"라고 외칠 때, 그 사랑에는 실제 영화를 보지 않고는 쉽게 상상할 수 없을 정도로 저열한 뜻이 담긴다.

다른 단어는 꼭 다른 뜻을 지닐까? 다른 단어이지만 같은 뜻을 가지고 있는 경우 역시 많다. 한국 사람들이 모두 잘 알고 있는 '한강(漢江)'이라는 단어를 생각해보자. 과거에 사용된 '경강(京江)'은 한강과는 다른 단어이지만 그 역시 한강을 지칭했다. 그뿐 아니라 《한서(漢書)》〈지리지〉에 나오는 대수(帶水), 광개토왕릉비(廣開土王陵碑)에 나오는 아리수(阿利水), 《삼국사기》에 나오는 한수(寒水) 역시 모두 한강과는 다른 단어이지만, 모두 한강을 지칭했다. 그러나 이 단어들이 모두 오늘날 한강을 정확하게 지칭한다고 결론 내리기도 어렵다. 오늘날 한강은 서울 주변을 넘어서는 꽤 긴 물줄기를 지칭하는 데 비해, 경강은 상대적으로 서울 부근의 한강을 가리켰기 때문이다. 그리고 경강 내에서 비로소 한강, 서강(西江), 용산강(龍山江) 등의 세부적인 강 명칭이 있었다. 이처럼 한강이라는 같은 단어가 시대에 따라 다른 대상을 지칭할 수도 있고, 다른 단어들이 같은 강을 지칭할 수도 있는 것이다. 영어도 마찬가지다. 영어의 애플(apple)이라는 단어는 사과만 지칭해온 것이 아니라 둥글게 생긴 여러 과일을 지칭해온 역사가 있다. 따라서 영어로 된 옛글을 읽다가 애플이라는 단어가 나온다고 그것을 곧바로 사과라고 단정해서는 안 된다. 이러한 사실은 우리가 역사적인 문헌을 가지고 글을 쓰거나 대화를 할 때 염두에 두어야 할 사실이다.

근래 건국절 논란과 함께 대한민국의 건국 시점에 대해 논란이 일었던 적이 있었다. 논란의 와중에, '건국(建國)'이라는 말을 담은 과거의 문헌을 증거로 제시하는 경우도 있었다. 그러나 이 경우에도 그 문건에 담긴 '건국'이라는 말이 과연 오늘날 우리가 '건국'이라는 말을 통해 의미하는 바와 동일한가에 대한 논의는 별도로 필요하다. 사극(史劇)에 흔히 등장하는 반정(反正)이라는 말은 어떤가. 궁정 쿠데타가 일어났다는 사

명료함은 사람들을 화나게 한다

실을 신하가 임금에게 보고하면서, "반정이 일어났습니다!"라고 소리쳐서는 안 된다. 반정은 쿠데타 세력이 자신의 쿠데타를 정당화하기 위해서나 쓰는 말이기 때문이다. '반정이 일어났다'는 말은 현 임금이 쫓겨나 마땅하다는 뜻을 포함한다. 따라서 그 임금의 충성된 신하는 반정이라는 말을 그런 식으로 사용하면 안 된다.

심화된 의사소통을 위해서는 단어의 기본적인 뜻뿐 아니라 관련된 함의까지 숙지해야 한다. '국립'이나 '사립'과 같은 단어를 생각해보자. 우리는 대개 국립대학이라는 단어를 통해서 국립대학은 나라에서 세운 학교이며, 운영에 필요한 재정을 나라로부터 조달할 것이라는 가정을 하기 쉽다. 마찬가지로 사립대학은 민간에서 세운 학교이며, 재정을 민간에서 조달할 것이라고 생각하기 쉽다. 그러나 2010년 지역 국립대 중에서 가장 많은 정부 예산을 받은 곳은 경북대학교였는데, 그 액수는 2126억 원이었다. 반면 사립 연세대학교는 그보다 많은 2349억 원의 예산을 정부로부터 지원받았다. 이러한 사실은 단어의 기본적인 뜻으로 해소하기 어려운 (정치적) 함의가 한국어의 '국립' 혹은 '사립'에 담겨 있음을 보여준다. 즉 단어의 기본적인 뜻만 가지고는 그 단어의 복합적인 함의를 충분히 파악하기 어렵다.

일견 자명해 보이는 국립, 사립과 같은 단어가 의외로 전달하는 내용이 분명하지 않은 데 비해 일견 모호해 보이는 단어가 예상보다 정확한 뜻을 전달하는 경우도 있다. 정육점이나 고깃집에서는 '특수부위'라는 단어를 사용하며, 단골들은 그 말의 뜻을 다 알고 있기에, 도대체 어느 부위가 그토록 특수하단 말인가, 라는 의문을 새삼 제기하지 않는다. 마찬가지로, 언론에서는 성기를 '중요 부위'라고 칭하곤 하는데, 독자들은 다 그것이 성기를 지칭한다는 사실을 명확히 알고 있기에, 도대체 어느 부위가 그토록 중요하단 말인가, 라는 의문을 새삼 제기하지 않는다. 이처럼 일견 모호한 표현에 높은 사회적 합의가 담겨 있을 경우, 그것은 그 사회의 마음 상태에 대한 의미심장한 지표가 될 수 있다. 사람에 따라 성기보다는 머리를, 혹은 쇄골을, 혹은 목 뒷덜미를, 혹은 복사뼈를 더 중요시할 수 있다. 그럼에도 어떤 사회에서 하필 성기를 골라서 '중요 부위'라고 부르고 있다는 사실은 그 언어를 사용하는 사회에 대해 뭔가 시사하는 게 아닐까.

이런 질문들을 던지는 것이 꼭 평탄한 사회생활을 보장하지는 않는다. 상대가 사용하는 단어의 정확한 뜻을 물고 늘어지다 보면, 상대는 자리를 박차고 일어나며 이렇게 말할지 모른다. 죄송합니다, 고객님. 오늘치 인내력이 바닥났습니다. 다

명료함은 사람들을 화나게 한다

음에 다시 찾아주십시오. 철학자들은 일찍이 말한 바 있다, 명료함은 사람들을 화나게 한다고(Clarity makes people angry).

Agnolo Bronzino, Portrait of the Poet Laura Battiferri(1550-1555)

알맞은 이름을 불러다오

개념 정의가 필요하다

세상은 부정확하고 조리에 맞지 않는 말들이 넘실대는 홍해와 같다. 오해와 몰이해의 위험으로 가득한 홍해를 가르고, 젖과 꿀이 흐르는 의사소통의 땅으로 건너가려면, 자신이 사용하는 단어를 가능한 한 날카롭게 벼려내어 의미의 피륙을 재단할 필요가 있다. 이는 논술문 쓰기에서 특히 중요하다. 그래서 기말 논술문 과제 제출이 다가올 무렵이면, 학생들과 함께 건곤일척(乾坤一擲)의 토론을 벌이곤 한다. 먼저 강의실에 들어가자마자, 학생들의 머리통을 찬찬히 둘러본다. 혹시라도 젊은 나이에 탈모로 고통받는 학생이 없는지 유심히 살펴본다. 현재 탈모가 진행 중인 중년의 선생보다는 다들 머리털 사

공부란 무엇인가

정이 낫다는 것을 확인한 뒤, 마치 치국책(治國策)을 요구하는 심정으로 '정언명령(定言命令)'을 던지는 거다. "대머리를 정의 하라!"

명령(?)이 떨어지자마자, 학생 A가 냉큼 대답한다. "반짝이는 거요! 대머리는 반짝반짝!" 그 정도 도발에 흔들릴 만큼, 중년의 선생이 순진하지는 않다. 침착하게 다음과 같이 응수한다. "반짝임은 대머리의 부수 현상일지는 몰라도 대머리의 정의(definition)는 아니겠죠. 대학생이 되었는데, 아직 셰익스피어도 안 읽었나요? 반짝인다고 다 금은 아니다(All that glitters is not gold)라는 말도 있죠. 반짝인다고 다 대머리는 아닙니다." 설득당하는 연습이 부족한 학생답게 A는 포기할 줄을 모른다. "환하게 불이 들어오는 거요. 대머리는 불 들어온 인간 전구." 선생을 놀리려는 수작임을 알고 있으나, 놀랄 일은 아니다. "음, 그건 대머리의 정의가 아니라 대머리의 비유겠죠."

상황이 이쯤 되면, 대머리가 진지하게 정의해볼 필요가 있는 대상임을 역설할 필요가 있다. "주드 로(Jude Law)라는 절세 미남 배우가 있었죠. 한때 주드 로를 좋아하지 않는 사람은 드물었어요. 그러나 그에게도 탈모가 시작되었고, 영화에서 점점 주드 로를 보기 어렵게 되었죠. 즉 대머리란 어느 세계적 배우의 경력을 좌우할 만한 사안입니다." 이렇게 이야기를 해주어도 학생들은 사안의 심각성을 깨닫지 못하는 눈치다. 주드 로의 영화 출연이 뜸해졌으니, 이 학생들이 주드 로를 모르는 것도 무리는 아니다.

이에 나는 좀 더 절실한 예를 들어준다. "보다시피 저는 탈모가 진행 중입니다. 그러나 현재 애매한 상태에 머물러 있지요. 여러분보다는 머리털이 없지만, 그렇다고 해서 전직 대통령 J만큼 화끈하게, 순수할 정도로, 대머리가 된 건 아니죠. 이른바 경계인이죠. 발모인의 나라에서 탈모인의 나라로 이주했지만, 그렇다고 해서 완전히 탈모인의 나라에 뿌리를 내린 것은 아닌, 즉 디아스포라(diaspora, 離散)를 겪는 중이죠. 나 같은 경계인에게는 대머리의 정의가 특히 중요해요. 대머리를 어떻게 정의하느냐에 따라 대머리에 포함될 수도 있고, 그러지 않을 수도 있거든요."

대머리의 정의가 선생의 실존에 관계된 사안임을 인지하자, 학생들은 좀 더 진지해진다. 학생 B가 주장한다. "대머리는 머리털이 적은 상태를 말합니다." "머리털이 적은 상태라니? 도대체 얼마나 적어야 대머리가 되는 거죠? 철학자 티머시 윌리엄슨은 머리털의 배열과 머리털의 길이까지 고려해야 한다고 주장한 바 있어요. 좀 더 구체적인 예를 들어볼게요. 똑같이 1만 개의 머리털을 가졌다고 해도 머리가 작은 소두인

(小頭人)은 그 정도 머리털만으로도 두피를 가릴 수 있는 반면, 머리가 큰 대두인(大頭人)은 두피를 가리지 못해서 대머리가 되기 쉽겠죠. 그리고 머리털이 1만 개면 뭐하고, 1억 개면 뭐하겠어요. 1억 개의 머리털이 뒤통수에만 빼곡하게 나 있다면, 결국 대머리겠죠. 머리털 수 가지고는 대머리를 효과적으로 정의하기 어려워요."

학생 C가 대안을 제시한다. "그러면 빠지는 머리카락 수로 대머리를 정의하면 되지 않을까요? 하루에 300개 이상 머리털이 빠지면 대머리다. ……이런 식으로." "음, 대머리를 고정된 상태라기보다는 역동적인 과정으로 이해하자는 거군요. 그런 식이라면, 원래 뒤통수에만 머리털을 가지고 태어났으되, 그 머리털이 좀처럼 빠지지 않는 사람을 설명하기 어려울 것 같네요. 그 사람은 분명 하루에 300개 이하의 머리털이 빠지겠지만, 대머리 소리를 들을 테니 말이에요. 차라리 빠지는 머리카락 수와 새로 나는 머리카락 수의 비율로 대머리를 정의해보는 것이 어떨까요?"

이때 학생 D가 날카로운 논평을 던진다. "방금 대머리 소리를 듣는다는 표현을 쓰셨죠. 그렇다면, 대머리는 그 자체로 존재하는 것이 아니라는 건가요, 남들에게 대머리로 간주될 때야 비로소 대머리가 존재한다는 말씀인가요?" 멋진 논평이었기에, 일단 칭찬을 해줄 필요가 있다. "김춘수의 유명한 시 〈꽃〉과 같이 아름다운 질문이네요. 김춘수가 '내가 그의 이름을 불러주기 전에는/그는 다만/하나의 몸짓에 지나지 않았다/내가 그의 이름을 불러주었을 때/그는 나에게로 와서/꽃이 되었다'고 노래한 바 있죠. 방금 학생의 논평을 시로 쓴다면 이렇게 되겠네요. '내가 그를 대머리라고 불러주기 전에는/그는 다만/하나의 두피에 지나지 않았다/내가 그를 대머리라고 불러주었을 때/그는 나에게로 와서/대머리가 되었다.'"

바로 이때 학생 E가 D에게 이의를 제기한다. "대머리라는 것이 남들이 그렇게 부르느냐 마느냐에 좌우되는 것이라면, 대머리 치료제를 개발하려고 애쓸 필요도 없겠네요. 사람들이 대머리 운운하지 않으면 대머리란 사라지는 것이니까요." 그리고 이어서 "이걸로 대머리 치료제 특허를 내도 되겠는데요"라고 빈정거린다. E와 D가 싸우기 전에 선생은 재빨리 개입해야 한다. 그리하여 이제 토론은 마무리하고, 강의로 넘어간다.

김춘수의 시 〈꽃〉의 다음 구절은 이렇습니다. '내가 그의 이름을 불러준 것처럼/나의 이 빛깔과 향기에 알맞은/누가 나의 이름을 불러다오.' 즉 단순히 어떤 이름을 부른다고 해서 문제가 해결되는 건 아니죠. '빛깔과 향기에 알맞은' 이름을 불러야 비로소 그 이름은 현실이 되지요. 즉 한두 명이 대머리라고 부르지 않는다고 해서 사회적 현실이 바뀌는 것은 아닙니다. 그러나 다수가 기꺼이 그런 길을 따르면, 정말 대머리라는 게 세상에서 사라져버릴지도 모르죠. 잘은 모르지만, 변발이 유행하던 청나라 때는 대머리 인식이 지금과는 다르지 않았을까요? 그래서 저는 빠지는 머리털을 볼 때마다 변발이 다시 유행하기를 바랍니다. 한때 변발이 유행하던 시절이 있었지만, 오늘날에는 그렇지 않다는 것은, 무엇이든 영원한 것은 없다는 말이기도 하죠. 오늘날 통용되는 대머리의 정의도 언젠가는 바뀔 수 있겠지요. 말이 재정의되는 일은 한 사회의 마음이 변화하고 있다는 표시이기도 합니다.

'좋은 대학'이라는 말을 예로 들어볼까요? 오늘날 '좋은 대학'이라는 말은 대개 입학생들의 수능 성적이 높다는 뜻이죠. 입학한 뒤에 받게 되는 교육의 내용이나 학생들의 체험에 대해서는 고려가 거의 없죠. 그러나 언젠가 좋은 대학이라는 말이 재정의되는 시대가 올 수도 있지 않을까요? 사실 대학교육을 통해 자신이 얼마나 긍정적인 방향으로 변화할 수 있느냐가 관건이죠. 따라서 입학시험 성적보다는 입학할 때와 졸업할 때를 비교하여, 가장 큰 긍정적인 변화를 일으키게 하는 대학이 좋은 대학일 겁니다. 이런 식으로 좋은 대학을 재정의하게 되는 때가 오면, 이른바 대학의 서열이라는 것도 달라질지 모릅니다. 변화는 언제 올까요? 오기는 할까요?

어떤 것이 그 자체로 존재하는 것이 아니라 사회적으로 구성된 것임을 깨닫는다고 하여, 사회적 현실이 곧 변하지는 않지요. 변화란 쉽지 않습니다. 뿌리 깊은 인간의 열망에 호소할 수 있을 때만 변화가 가능하겠죠. 중국에서 열린 학술 대회에 참가했다가 북한 여성 한 명과 나누었던 대화가 기억나네요. 북한 사람들의 생활상이 궁금하여 이것저것 묻다가, 이렇게 물었습니다. '북한 여성들에게 인기 있는 남자는 어떤 사람입니까?' 그녀는 준비라도 한 듯 주저 없이 대답했습니다. '인격이 훌륭한 남성들이 여성들에게 인기가 있습니다.' 오, 과연. 재차 물었습니다. '인격이 가장 중요한가요? 인격이 훌륭하면 다른 것들은 상관없나요?' 그녀는 여전히 주저 없이 대답했습니다. '돈이 없어도 인격이 훌륭하면 여성들이 좋아합니다.' 다시금 물었습니다. '남자가 대머리여도 상관없나요?' 갑자기 그녀가 주춤하고, 짧은 침묵이 흘렀습니다. 벌목 중인 야산과 같은 내 두피를 흘낏 본 뒤, 이내 '대머리여도…… 상관없습니다!'라고 소리 높여 대답했습니다. 그것으로 그 대화는 끝났지만, 나는 북한 사회의 변화 가능성에 대해 생각할 때마다, 그 짧은 침묵을 떠올립니다.

Nguyễn Phan Chánh, Cô hàng xén(1957)

세상에 대해 논술문을 쓰기 위해서는

모순 없는 글쓰기

모순이나 긴장 없는 삶이 가능할까? 그럴 리가. 삶 속에는 서로 잘 화해되지 않는 에너지가 공존하곤 한다. 자신은 이미 결혼한 몸이면서, 자신이 좋아하는 연예인이 결혼이라도 할라치면 배신감을 느끼는 팬. 피해를 주어 미안하다고 사과하면서, 사과하느라 고생했으니 자신도 피해자라고 생각하는 가해자. 자신의 잘못을 통감한다면서도 형량을 줄여달라는 범죄자. 가부장적 질서가 싫어서 가출했지만 결국 가부장이 되어버리고 마는 가장. 채식을 결심한 순간부터 한층 더 고기가 먹고 싶어지는 나. 완벽한 직선이란 실제 세상에 존재하지 않듯이, 완벽하게 일관되고 통합된 삶이란 현실에 존재하지 않기 마련. 모순 혹은 긴장으로 가득한 자신의 존재를 그럭저럭 거두어 살아나가는 것이야말로 성인의 일이며, 자신의 모순이나 긴장을 빙자하여 남을 괴롭히지 않는 것이 시민의 덕성이다. 제대로 봉합되지 않은 모순이나 긴장이 출구를 찾다가 간혹 눈부신 예술을 낳는 경우도 있겠지만, 그러한 경우는 한 세대에 한두 번 있을까 말까 한 드문 일. 관리되지 못한 개인의 모순이 무절제하게 사회에 분비될 때, 그것은 대개 민폐일 뿐이다.

모순이나 긴장 없는 사회가 가능할까? 한 개인이 자신이 가진 모순을 간신히 관리하여 멀쩡한 몰골로 살아가는 데 성공했다고 치자. 그런 사람들이 모여 산다고 해서, 모순이나 긴장이 사회로부터 완전히 사라지는 것은 아니다. 어떤 외국인 채식주의자가 아시아의 한 식당에 들어와 채식을 주문한 적이 있었다. 고기가 들어가지 않은 음식을 달라고. 그런데 이게 웬일인가. 나온 음식의 국물을 떠먹다 보니 난데없이 고기 조각이 씹히는 게 아닌가. 격분한 그는 당장 식당 지배인을 불러 항의를 했다. "고기 없는 음식을 달라고 했을 텐데!" 그러자 지배인은 적반하장 격으로 천연덕스럽게 대꾸한다. "그거 '고기(meat)' 아니야. 당신이 씹은 건 '작은 고기(little meat)'야." 작은 고기는 고기가 아니라는 주장에, 그 채식주의자는 어이가 없어지고 말았다. 어이가 없기는 식당 지배인도 마찬가지. 큰 고기도 아니고, 국물에 고기 조각 조금 들어간 거 가지고, 까탈스럽게 구는 외국인 같으니라고. 그 정도 작은 고기가 들어간 거 가지고 이 난리를 치다니. 일관된 삶을 살겠다는 한 개인의 결심만으로는, 채식과 고기에 대한 사전적 정의만으로는, 모순 없는 삶을 구현하기 어렵다.

고기 크기가 커진다고 해서 문제가 사라지는 것은 아니다. 오래전 어느 여름날, 채식주의자이자 독실한 불교도인 친구와 함께 어느 공공 기관 구내식당에서 함께 점심을 먹은 적이 있다. 한여름답게 그날 메뉴는 칡냉면이었다. 식권을 창구로 넘기면서, 배식하는 아주머니에게 친구는 분명히 말했다. "저 고기 안 먹거든요. 고기 빼주세요." 그러나 아주머니가 넘겨준 칡냉면 위에는, 떡하니 실한 고기 한 점이 살집 좋은 불상처럼 가부좌를 틀고 있었다. 가부좌를 튼 고기는 내 친구에게 타이르듯 말하는 것 같았다. 채식은 무슨 채식. 채식하겠다는 것도 다 집착의 일종이야. 부처를 만나면, 부처를 죽이라고 하지 않았나. 자, 내 살점을 먹고 성불하게. 내가 잠시 이런 상념에 빠진 동안, 친구는 불만 어린 표정으로 배식하는 아주머니를 쏘아보았다. 그러자 아주머니는 까탈스러운 손님을 달래려는 양 한마디 툭 던졌다. 반말로. "(고기를) 넣어 먹어야 맛있어. 먹어." 지금도 귀에 선연하다, 그 해맑은 "넣어 먹어야 맛있어".

　고기가 아니라 생선의 경우는 어떤가. 역사가들에 따르면, 스시는 도쿠가와 시대(1603~1868)에만 해도 고급 요리가 아니라 일종의 패스트푸드에 가까웠다. 점차 시간이 흐르면서, 스시는 고급 음식이 되어갔고, 고급 요리로서 스시가 보여주는 정교한 맛을 느끼려는 사람도 점차 늘어났다. 언젠가 일본에서 도쿠가와 시대 사상을 연구하는 학자 한 분과 이야기할 기회가 있었다. 그는 오늘날의 관심을 과거의 사상에 시대착오적으로 투사하지 말고, 당시의 역사적 맥락을 한껏 고려해야 한다는 주장으로 유명한 학자였다. 이를테면, 도쿠가와 시대 문헌에 스시 이야기가 나오면, 오늘날 스시의 이미지를 대입하지 말고 그 시대 스시의 이미지를 떠올리며 읽어야 한다는 것이 그의 학자적 신념이다. 그러한 그가 나에게 일본에 와서 뭔가 맛있는 음식이라도 먹었느냐고 묻기에, 스시를 먹었다고 대답했다. 어디에서 먹었느냐고 재차 묻기에, 숙소 근처 회전 스시집에서 먹었다고 대답했다. 그러자 그는 다소 화난 표정을 지으며, 좀 전에 스시를 먹었다고 그러지 않았느냐고 반문했다. 그렇다고 하자, 대충 후다닥 만들어져서, 품위 없이 눈앞에서 뺑뺑 돌기나 하는 회전 스시는 스시가 아니며, 따라서 나는 일본에 도착한 이래 아직 스시를 먹지 못한 것이라고 강조했다. "당신은 회전 스시를 먹은 것일 뿐, 스시를 먹은 것이 아니다." 이어서 이런저런 공부 이야기를 나누다가 헤어지면 서, 그는 나의 초라한 식도락을 다시 한번 확인 사살했다. "당 신은 아직 스시를 먹지 못했다. 진정한 스시를." 최승자 시인 은 이렇게 노래한 적이 있다. "기억하는가/우리가 처음 만나 던 그날/환희처럼 슬픔처럼/오래 큰물 내리던 그날/네가 전 화하지 않았으므로/나는 잠을 이루지 못했다/네가 다시는 전 화하지 않았으므로/나는 평생을 뒤척였다"(최승자, 〈기억하는가〉 중에서). 나도 노래한다. "기억하는가/우리가 만났던 그날/네가 회전 스시를 능욕한 그날/네가 내 취향을 부정했으므로/나는 잠을 이루지 못했다/그러고도 네가 스시를 사주겠다고 전화 하지 않았으므로/나는 평생을 뒤척였다." 실로 그날 밤, 나는 여러 가지 질문으로 머리가 복잡했던 기억이 있다. 회전 스시 는 과연 스시인가, 고래상어는 상어인가, 무표정도 표정인가, 무의미도 의미인가, 단절된 관계도 관계의 일종인가.

이 세상 속에서 산다는 것은 이러한 모순, 긴장, 혹은 혼란 속에서 사는 것이다. 이 세상을 주제로 논술문을 쓴다는 것은 그러한 모순과 긴장과 혼란을 직시하되, 그에 대해 가능한 한, 모순 없는 문장을 사용하여 자신의 주장을 펼친다는 것이다. 세상에 대해 논술문을 쓰기 위해서는 정교하게 정의한 개념과 분석적 논리만으로는 충분하지 않다. 외부 세계에 대한 충분한 경험적 지식이 필요하다. 현실 사회 속에서 고기와 작은 고기가 빚는 혼란, 스시와 회전 스시가 일으키는 모순은 단순히 논리학을 통해 해명할 수 있는 문제가 아니다. 그러한 모순에 이르게 된 인간과 세계에 대해 일정한 경험적 지식이 있을 때, 비로소 그에 대해 모순 없는 문장을 구사할 수 있게 된다. "나는 중국 음식을 좋아하는데, 그중에서도 특히 스시를 좋아해"라고 말하지 않으려면, 중국 음식과 스시에 대한 경험적 지식이 필요하다.

세상에 대한 경험적인 지식이 쌓일수록, 세상은 모순이나 긴장이나 혼란으로 점철되어 있다는 인식에 이르게 된다. 완벽하게 흠결이 없는 혁명가, 오직 탐욕으로만 이루어진 자본가, 오직 순박함으로만 이루어진 농민 같은 것은 존재하지 않는다. 오히려 현실은, 도덕적이고 싶었지만 결국 그러지 못했던 혁명가, 너무 게을러서 탐욕스러워지는 데 실패한 자본가, 섣불리 귀농했다가 야반도주하는 사람들로 가득 차 있다. 세상을 자기 희망대로 단순화하지 않았을 때에야 비로소 그전까지는 보이지 않던 문제들이 눈에 보이기 시작한다. 누군가를 독립운동가 혹은 친일파로 단정해버렸을 때는 보이지 않던 시대의 문제가, 사실은 그가 독립운동과 친일을 동시에 하던 모순적 인물임을 발견했을 때 비로소 드러나기도 하는 것이다. 누군가를 진보나 보수로 단정해버렸을 때는 보이지 않던 시대의 문제가, 사실은 그가 진보적인 동시에 보수적인 인물임을 발견했을 때 비로소 드러나는 경우도 있는 것이다. 공부하는 이가 할 일은, 이 모순된 현실을 모순이 없는 것처럼 단순화하는 것이 아니라 복잡한 모순을 직시하면서 모순 없는 문장을 구사하는 것이다.

몇 달 전 어느 학술회의에서 누군가 내게 물었다. 당신은 권력자를 연구하는 데 관심이 있나요? 아니면 하위 주체(subaltern)를 연구하는 데 관심이 있나요? 나는 대답했다. 공부하는 사람으로서 내가 관심을 갖는 대상은 딱히 권력자나 하위 주체가 아니라고. 그보다는 모순적으로 보이는 대상에 관심이 있다고. 철저한 독립운동가나 친일파보다는 양쪽을 우왕좌왕했던 인간. 지주나 소작농보다는 그들 사이를 부지런히 오가야만 했던 마름. 여성이면서도 소위 '유교' 이념을 앞장서 추종해야만 했던 일부 여성들. 일견 모순되어 보이는 이러한 이들에 대해 모순 없거나 적은 문장으로 서술할 수 있을 때, 나는 공부하는 사람으로서 희열을 느낀다고.

August Macke, Lesende Frau(1913)

모호함은 때로 권력자의 무기다

논술문에서 피해야 하는 것

"신부가 도망가지 않아요." 거리에 붙은 광고는 그 사회를 보여준다. 국제결혼을 주선하는 이 광고는 도망 여부가 누군가에게는 신부 선택의 중요한 기준이라는 것을 알려준다. 한국 남자와 결혼한 외국 여성들이 종종 도망간다는 사실 역시 알려준다. 그리고 도망 이외에 다른 통로가 막혀 있다는 것도 알려준다. 무엇보다 도망쳐야만 하는 그곳은 좋은 곳이 아니라는 사실도 알려준다.

"못 받은 돈 받아줍니다"는 어떤가? 적지 않은 사람들이 사채에 의존하고 있음을 알려준다. 그리고 빌린 돈을 갚지 못하는 사람들이 다수 있음을 알려준다. 그들로부터 어떻게 돈을 받아낼 수 있냐고? 그 방법이 궁금한 사람은《사채꾼 우시지마》라는 만화를 참고하면 된다.

후한 사례를 약속하는 광고는 어떤가. "지갑을 주워서 돌려준 사람에게 후사하겠습니다." "이 사람에 관한 소식이나 거처를 아시는 분은 연락 바람. 후사하겠음." 이런 표현을 볼 때마다, 나는 후사(厚謝)의 내용이 궁금하다. 도대체 어떻게 얼마나 감사 표시를 한다는 것일까? 지갑을 주워서 돌려주면, 지갑 안의 돈을 주겠다는 이야기일까? 아니면 '후하다'는 기분이 들 때까지 머리를 쓰다듬어주겠다는 말일까? 혹시 후사에 대한 이해가 서로 달라서, 기분 상하는 일은 일어나지 않을까. 지갑을 되찾은 이가 갑자기 태도를 바꾸어 영어로 "땡큐"라고 한마디하고 사라진다면, 찾아준 이는 좀 허탈하지 않을까.

사례야 안 받으면 그만일지 모른다. 그러나 모호한 표현 한마디에 인생의 한 시기가 좌우될 만큼 중요한 사안이 걸려 있는 경우도 있다. 이를테면 지난 시절 청혼 과정이 그렇다. 요즘이야 청혼 과정에서 동등하게 각자의 경제 사정과 건강 상태에 대하여 구체적인 정보를 교환하기도 한다지만, 예전에는 청혼의 언어가 훨씬 단순하고도 일방적이었다고 한다. "오빠가(우웩) 호강시켜줄게. 오빠랑 살자." 호강이라니, 어느 정도가 호강인 것일까. 매끼 소고기 반찬을 먹을 수 있으면 호

45

강인 것일까, 아니면 대관령과 텍사스에 소 떼를 키우고 있어야 호강인 것일까. 호강이라는 모호한 표현만 가지고는 도대체 상대가 어떤 수준의 윤택한 생활을 약속하는지 가늠하기 어렵다. 좀 더 구체적인 예를 생각해보자. "오빠가 돈방석에 앉혀줄게." 옛 연속극에서 나왔을 법한 이 대사는 구체적으로 돈을 거론하기에 "호강시켜줄게"에 비해 훨씬 구체적인 말 같다. 돈방석이라니, 뭔가 집 안에 처치 곤란한 지폐가 썩어 굴러다닐 것 같지 않은가. 이 사람하고 결혼한다면 평생 고생할 일이 없을 것만 같다. 그러나 막상 결혼해보니, 지폐가 아니라 동전을 넣어 방석을 만들어주면 어떡하란 말인가. 동전 방석이 한여름에 시원하다면서.

모호함이 꼭 필요한 영역도 있다. 시인은 보고 싶다는 뜻을 전하기 위해 단순히 "보고 싶다"라고 말하는 경우가 드물다. "보고 싶다"라고 말하는 대신, 아침에 거실에 들어왔던 당신 허리를 닮은 잠자리에 대해서 길게 이야기할 것이다. "보고 싶다"라는 말을 시적으로 하기 위해 당신 눈의 흰자위를 닮은 구름에 대해서 오랫동안 묘사할 것이다. 시인은 독자가 모호한 뜻을 스스로 알아차려주기를 바라지, 나서서 설명하려 들지 않는다. 이처럼 예술에서 모호함은 중요하다. 모호함이야말로 다양한 해석을 증폭시키며, 그 예술을 둘러싼 논의를 풍부하게 만든다. 예술의 모호성은 예술 향수자의 적극적 참여를 부추긴다. 관건은 그 모호함이 심미적인 차원을 가진 풍요로운 모호함이냐의 여부일 뿐이다. 이러한 점에서 예술과 군대의 명령은 정반대 관계에 있다. 시 구절과는 달리 군대의 어휘는 명료해야 한다. 전투에 임할 때 상관의 명령은 분명할수록 좋다. "발포하라!"라고 말해야 한다. "발포할까!"라고 명령해서는 안 된다.

시적인 모호함을 적극적으로 전유한 영역이 화두의 세계다. "산은 산이요, 물은 물이다." 많은 이들로부터 존경받던 선승이 남긴 이 한 문장은 사람들 사이에서 지금도 널리 회자된다. 아마도 그 문장은 불교의 심오한 진리를 담고 있겠지만, 그리하여 많은 승려들이 그 뜻을 소중히 간직하겠지만, 보통 사람들은 도대체 이 간명한 말이 무슨 취지를 가진 것인지 가늠하기 어렵다. 일견 자명해 보이는 사실의 재서술이 저 문장의 특징이다. 그런데 왜 그 자명한 사실을 새삼 재서술할 필요가 있었을까? 자명한 사실을 자명하게 받아들이지 못하는 세태가 있기에, 그것에 경종을 울리려고 일부러 저런 말씀을 하신 게 아닐까. 그렇다면 저 문장은 산이나 물에 대한 서술이라기보다는 사태를 그대로 직면하지 못하는 못난 인간들을 질타하는 말일까. 사람들이 A가 A라는 단순한 진실을 받아들이지 못하니 던지신 말일까. 질문은 끝이 없다. 그러나 수행 중인 선승들에게는 그 가늠하기 어려움이야말로 이 문장의 매력이자 가치일 것이다. 가늠하기 어려워야, 그 깊은 뜻을 곰곰이 음미해보고자 할 테니까. 반면, '피자 한 판 사와라' 같은 문장은 간명하며, 그 취지도 분명하다. 산 아래로 내려가 피자를 한 판 사 오면 될 일이지, 그 문장의 뜻을 파악하기 위해 고민할 필요는 없다. 어쨌거나 피자를 들고 산을 오르는 동자승은 귀여울 것이다.

　　예술가나 선승 못지않게 모호한 표현을 선호하는 이들이 정치인이다. "새 정치를 실현하겠습니다!" "새 정치란 뭐죠?" "제가 실현할 정치가 새 정치입니다!" 그러나 도대체 무엇이 얼마나 어떻게 새로워야, 새로운 정치란 말인가. 정치인들은 일단 선거에서 당선되고 봐야 하기에, 많은 이들이 공감할 만한 말을 던질 필요가 있다. 말이 구체적일수록 그 말의 청자(audience)는 제한되고, 말이 모호할수록 청자는 포괄적이 되는 법. 그래서 선거를 앞둔 정치인의 말은 모호하기 마련이다. 나중에 입장을 바꾸어야만 할 때가 왔을 경우, 구렁이 담 넘어가듯 상황을 무마해야 할 필요가 정치인에게는 종종 있다. 그러한 필요에 둔감했다가는 자칫 나중에 공약을 지키지 않았다는 비판을 받을 수 있다. 그래서 정치인의 말은 한층 더 막연하고 모호해진다.

　이처럼 모호한 표현으로 중요한 사안을 결정하고자 할 때, 불리한 위치에 있는 것은 발화자가 아니라 청자다. 표현이 모호하면, 발화자는 그 표현이 담고 있는 의미를 나중에 자의적으로 조작할 수 있는 여지를 누리게 된다. 그리하여 그 모호한 표현이 무엇을 의미하는지 따져봐야 하는 책임은 청자에게로 넘어가기 일쑤다. 모호했던 말이 나중에 멋대로 바뀌었을 때 결국 피해를 보는 것은 청자다. 그래서 정치인들이 모호한 말들을 남발하면, 시민사회 구성원들은 그 말뜻을 구체화하라고 요구해야 한다. 새 정치란 무엇인가? 이러한 질문을 선거가 끝난 다음에 하면 너무 늦을 수 있다. 결혼하고 나서, 동전 방석을 건네는 남편에게 "오빠가(우웩) 말한 돈방석은 지폐 방석이 아니었어?"라고 따지면 너무 늦은 것이다. "동전은 돈 아니야?"라는 대답이 돌아올 수 있다. "동전 방석이라니, 세상에. 약속대로 빨리 지폐로 방석 만들어줘"라고 거듭 요구하면, 베네수엘라 지폐로 방석을 만들어줄지도 모른다. 베네수엘라는 근년에 자국 통화를 95퍼센트 이상 평가절하했고, 베네수엘라의 최저임금 노동자는 월급의 3분의 1을 줘야 기껏 콘돔 한 상자를 살 수 있다고 한다. "내가 어느 나라 지폐로 방석을 만든다고 구체적으로 말한 적이 있었나."

사정이 이러하다면, 모호한 말은 종종 권력자의 무기다. 얼버무린 말을 찰떡같이 알아들어야 하는 것은 청자의 몫이 되어버리기 때문이다. 연인 관계에서는 덜 사랑하는 사람이 권력자라고 했던가. 사랑의 권력을 가진 이가 "내일쯤 전화할게"라고 말했다고 치자. 그 말을 들은 상대는 하루 종일 전화를 기다리게 된다. 전화할 시간을 특정하지 않을 수 있는 것도 권력이다. 성적을 주는 일도 마찬가지다. 성적이 어떤 과정을 통해 결정된다는 것을 명시해놓지 않으면, 성적은 나중에 가서 자의적인 결정에 휘둘리기 쉽다.

가끔 학생들이 논술문을 쓰면서 그러한 모호함의 권력을 사용하려다가 낭패를 보는 경우가 있다. "인구가 감소하고 있다, 아마도 악마가"와 같은 모호한 문장으로 가득한 논술문을 제출했다고 치자. 선생은 '표현이 분명하지 않다'라는 이유로 낮은 성적을 줄 것이다. 그제야 이 문장에서 말하고 싶은 것은 이거였어요, 라고 항변해봤자 때는 이미 늦었다. 그 순간 권력은 평가자에게 있지 피평가자에게 있지 않다. 권력을 쥔 정치인이나 예술가와는 달리, 논술문을 쓰는 사람은 자신의 견해를 최대한 명료한 표현을 통해 공적으로 설득하려고 해야 한다. 논술문에서 모호한 표현을 자제하는 훈련은 민주주의의 덕목 함양과 무관하지 않다.

Rogier van der Weyden, The Magdalen Reading(1435-1438)

말뜻의 사회적 함의

단어와 사회

아마도 〈어벤져스: 엔드 게임〉보다 더 훌륭한 영화, 〈미성년〉은 배우 김윤석의 감독 데뷔작이다. 〈미성년〉에서 남편은 오리고기 식당을 하는 여자와 바람이 나고, 남편의 외도를 알아차린 아내는 날카롭게 따져 묻는다. "성욕이야? 사랑이야?" 남편은 대답하지 못하고 머뭇거린다. 그는 성욕과 사랑을 구분하지 않기에, 아내의 질문 자체를 이해하지 못하는 것인지도 모른다. 사랑, 흑심, 의무감, 성욕 등 인접 단어를 적절히 구분하지 못하는 사람이 사랑이라는 말의 뜻을 제대로 이해하고 있을 것 같지는 않다.

그래도 그는 '사랑'이라는 단어를 사용하고 있지 않냐고?

사용한다는 것은 곧 안다는 것 아니겠냐고? 과연 그럴까? 사람들은 종종 사랑, 인권, 유교, 신자유주의, 4차 산업혁명, 민주주의, 창조 경제 등의 단어들을 입에 올리지만, 정말 그 뜻을 알고 있는지는 확실치 않다. 누군가 진지하게 말한다. "저 사람의 인권을 인정해야 할까요?" 인권이라는 것이 인간이라면 누리게 되어 있는 보편적 권리라는 걸 안다면, 나올 수 없는 발언이다. 따라서 저 말은 인권에 대해서 말해주기보다는, 저 사람이 인권에 대해 얼마나 무지한지를 말해준다. 아이가 진지하게 요구한다. "우리 엄마 아빠가 섹스한 적이 있는지 증거를 대봐요!" 자신의 부모가 섹스를 했기 때문에 자신이 태어났다는 걸 안다면, 나올 수 없는 발언이다. 따라서 아이의 요구는 섹스에 대해 말해주기보다는 그 아이가 섹스에 대해 얼마나 무지한지를 말해준다.

어떤 단어는 그저 그럴싸하게 들린다는 이유로 사용되기도 한다. 음, 저기 걸어오는 저 사람이 왠지 우울해 보이는군. 분위기를 띄우기 위해 일단 '사랑한다'는 말을 던져볼까. 음, 정권에 잘 보이기 위해 일단 칼럼에 '창조 경제'라는 단어를 써볼까. 음, 요즘 유행하는 단어라니 일단 제안서에 '4차 산업혁명'이라는 단어를 써볼까. 음, 사람들이 열광하는 단어이니 성명서에 '민주주의'라는 표현을 넣어볼까. 다수가 공분하는 단어이니 '신자유주의'라는 라벨을 붙여볼까. 그런 식으로 사용될 때, 그 단어는 "멍멍!"과 크게 다르지 않다.

차라리 특정 단어를 집요하게 기피하는 사람이 그 단어 뜻을 더 잘 알 수도 있다. 내가 아는 어떤 부부는 단 한 번도 사랑한다는 말을 서로 간에 해본 적이 없다. 사랑이라는 말이 담고 있는 고귀한 뜻을 감안할 때, 감히 부부 간에 사용할 수 없다는 데 상호 합의를 보았다고 한다. 사랑한다는 말을 남발하며 위기를 미봉하는 이들보다는 이 부부가 사랑이라는 말뜻을 더 정확히 알고 있을 가능성이 크다. 오용되는 단어, 남용되는 단어, 모호한 단어, 다양한 용례가 있는 단어일수록, 신중한 사람들은 해당 단어의 사용을 자제하고, 그 단어를 가능한 한 정확히 정의하고자 든다.

말뜻을 판별하는 일은 한 줄 문장을 쓰는 일을 넘어서, 큰 사회적인 함의가 있다. '다르다'와 '틀리다'를 구분할 줄 모르면서, 다양성이 넘치는 혹은 정의가 구현되는 사회를 이룰 수 있을까. 다른 의견을 모두 틀린 의견으로 몰아세울 텐데? 혹은, 틀린 의견을 다른 의견이라고 변명할 텐데? 지능(IQ), 영리함, 지혜, 슬기, 지성 등을 구분할 줄 모르면서, 바람직한 인재를 양성할 수 있을까? 대학 입시에 성공했다고 스스로를 지성인이라고 착각하거나, 정의로운 사람이라고 믿거나, 현자라고

자처하는 사태가 일어날 텐데?

그렇다고 해서, 구분이 다 능사라는 말은 아니다. 어떤 구분은 지나치게 정치적이다. 백인종, 황인종, 흑인종과 같은 인종 구분은 서구 제국주의의 전개와 더불어 정착되었다. 나는 황인종으로 분류되지만, 내 뽀얀 우윳빛 속살을 볼 때마다 나는 내가 황인종이라는 '사실'을 의심한다. 인종 구분과 같은 것이 특히 문제가 되는 것은 그 구분이 단지 현상을 묘사하는 데 그치지 않고 그 현상을 평가하는 역할을 하기 때문이다. 노예라는 말을 생각해보라. '노예'라는 단어는 단지 특정 현상을 묘사하는 데 그치지 않고 평가하는 역할까지 한다. 그렇기에, 조선 시대 노비를 노예로 부를 것인가, 위안부를 성노예로 부를 것인가 하는 문제는 정치적인 이슈이기도 하다.

퀜틴 스키너(Quentin Skinner)가 말했듯이, 평가어는 해당 사회의 의식을 반영한다. 그렇기에, 어떤 단어에 단순히 변화를 준다고 해서, 해당 사회가 곧 바뀌는 것은 아니다. 장애인에 대한 의식을 개선하기 위하여, 장애인이라는 말 대신 '장애우'라는 말을 택한다고 해서 관련된 사회의식이 자동으로 바뀌는 것은 아니다. 명실상부한 사회의식 변화가 뒤따르지 않는다면, 장애우라는 신조어는 오히려 장애를 가진 이들에게 스트레스만 줄 수도 있다. 친구로 대하지도 않으면서 왜 친구라고 부르는 거야! 문명인처럼 군답시고, 먼 나라 원주민을 야만인 대신 야만우라고 부른다면, 그것은 '문명이라는 이름의 야만'일 것이다.

단어를 둘러싼 제반 조건이 바뀐다면, 단어 자체가 바뀌지 않아도 그 단어의 함의는 바뀔 수 있다. 김광석이 불러 유명해진 노래 〈서른 즈음에〉를 예로 들어보자. "머물러 있는 청춘인 줄 알았는데"와 같은 가사를 생각해볼 때, 이 노래는 명백히 서른을 청춘의 종말쯤으로 간주하고 있음을 알 수 있다. 〈나이 서른에 우린〉이라는 노래도 마찬가지다. "나이 서른에 우린 무엇을 사랑하게 될까/젊은 날의 높은 꿈이 부끄럽진 않을까"라는 가사를 보라. 마치 늙고 싶어 환장한 사람들처럼 서른을 노화의 상징으로 간주하고 있다. 그러나 새로운 연령 구분이라고 회자되는 지침에 따르면, 이제 18세에서 65세까지가 청년기다. '서른'이라는 말이 지칭하는 30세라는 기본 뜻은 바뀌지 않았지만, 서른이라는 말의 함의는 이제 크게 달라지게 되었다. 그것은 인간의 예상 수명이 현격하게 바뀌면서 비로소 가능해진 변화다.

수명의 획기적인 연장에 필적할 만한 역사적 조건의 변화로는 자본주의의 등장을 들 수 있다. 대규모 상업의 발달, 그리고 뒤이은 자본주의의 발흥은 실로 인류사의 거대한 변화

중 하나다. 이러한 변화의 흐름 속에서 상인들은 기존에 종종 탐욕스럽고 부정직한 패거리로 인식되어온 자신들의 이미지를 바꾸고, 자신들의 이윤 추구 활동을 정당화하기 원했다. 그리하여 그에 공명한 지식인들은 기존 평가어들의 함의를 바꾸고자 부심하였다. 그 과정에서 검소(frugality), 야심(ambition), 약삭빠름(shrewdness)과 같은 용어의 함의가 바뀌었다. 역사가들에 따르면, 프로테스탄트의 정신이 자본주의의 발흥에 정말 중요한 원인이 되었는지는 의심스럽지만, 적어도 프로테스탄트 윤리는 자본주의를 정당화하는 데 유용한 평가어들을 제공하는 데는 큰 역할을 했다. 그러한 평가어의 변화는 자본주의의 발흥이라는 큰 사회적 변화와 함께했기에 가능했다고 할 수 있다.

퀜틴 스키너는, 우리가 사는 세계는 규범적인 평가어들의 쓰임새에 의해 지탱되므로, 세계를 변화시킬 수 있는 한 가지 방법은 그 평가어의 적용 방식을 바꾸는 것이라는 취지의 주장을 한 바 있다. 실로 뛰어난 작가는 시대의 흐름을 예민하게 포착하여, 당대의 평가어를 재정의해내기도 한다. 이를테면, 마키아벨리는《군주론》을 통해 한때 미덕으로 높이 평가되던 관대함(liberality)이 사실 악덕일 수 있다는 주장을 펴기도 했다. 한국 사회의 경우, '착함'은 한때 높이 평가되던 미덕이었다. 그러나 언젠가부터 사회 일각에서는 '착하다'는 말이 미모, 재력, 지성, 학식 등을 가지고 있지 않다는, 그리하여 결국 내어놓을 것이 모나지 않은 성격뿐이라는 뜻으로 사용되곤 하는 것으로 보인다. 이런 추세가 가속화되면, 누가 소개팅에서 착한 사람이라는 말을 듣고 싶겠는가. 착함이 곧 무능함의 동의어가 되어가는 현상, 이것은 한국 사회가 흘러가는 어떤 방향을 지시하는 것일까.

Sandro Botticelli, The Virgin and Child(1480)

나도 제목을 붙이는 것이 귀찮을 때가 많다

제목의 효용

학생들에게 기말 페이퍼 과제를 내줄 때 강조하곤 한다. 꼭 제목을 붙이세요. 이렇게 강조하는 이유는 물론 페이퍼에 제목을 붙이지 않는 학생들이 때때로 있기 때문이다. 제목을 꼭 붙이라고 했더니, '아무개의 생각' 혹은 '아무개의 페이퍼' 이렇게 붙이는 학생도 있다. 귀찮겠지. 나도 이해한다. 나도 제목을 붙이는 것이 귀찮을 때가 많다. 나도 제목을 붙이지 않고 그냥 글만 쓰고 싶을 때가 있단다. 김영민의 글모음, 이렇게 제목을 붙이고 온천에 쉬러 가고 싶을 때가 있단다.

이러한 공감에도 불구하고 학생들에게 거듭 제목을 붙이라고 역설하는 것은 제목을 붙이는 것도 지적인 훈련의 일부이기 때문이다. 제목을 붙이는 과정에서, 학생은 자신이 쓴 글의 내용에 대해 한 번 더 생각해볼 수 있다. 그리고 제목 붙이기는 전체와 부분의 관계, 그리고 '대표' 혹은 '재현 (representation)'이라는 개념에 대해 생각해볼 좋은 기회를 제공한다. 《우리가 간신히 희망할 수 있는 것》이라는 책에서, 대표 개념에 대해 다음과 같이 말한 적이 있다.

영정 사진은 망자를 상기시키기 위해 거기에 있지만, 영정 사진이 곧 망자는 아니다. 즉 재현은 그 어떤 대상을 상기시키지만 그 대상 자체는 아니다. 어떤 풍경화도 그것이 표현하는 풍경 자체는 아니다. 어떤 나라의 지도도 그것이 가리키는 나라 자체는 아니다. 어떤 지구본도 지구 자체는 아니다. 호르헤 보르헤스는 이 점을 혼동하면 얼마나 어처구니없는 일이 벌어지는지 일종의 사고실험을 통해 보여주었다.

누군가 현실을 완벽하게 재현하는 궁극의 지도를 만들겠다고 꿈꾼다. 그는 실제의 풍경과 모든 점에서 일대일로 정확하게 대응하는 지도를 만들기 시작한다. 그의 작업이 성공적으로 진행되면 될수록 그 지도는 점점 더 커져간다. 그래서 마침내 지도가 현실과 완벽하게 조응하게 되었을 때, 그 지도의 크기는 현실과 똑같은 크기가 된다. 문제는 그렇게 큰 지

나도 제목을 붙이는 것이 귀찮을 때가 많다

도는 들고 다닐 수도 없다는 것이다. 게다가 현실과 똑같다면 그냥 현실을 들여다보면 되는데, 무엇 하러 똑같은 크기의 지도를 들여다보겠는가?

요컨대, 대표 혹은 재현이라는 것은 복제나 모사(模寫)가 아니다. 자신이 대표하고자 하는 내용을 그대로 전달하는 것이 아니라 그 핵심적인 특징을 포착하는 것이 중요하다. 제목 달기도 대표 혹은 재현의 일종이다. 글 내용을 최대한 모사적으로 전달하려 든다면, 책 내용 전체가 그냥 제목이 되어버리는 것이 나을 것이다. 마치 호르헤 보르헤스가 말한, 그 어처구니없을 정도로 정확한 지도가 실제 풍경과 똑같을 정도로 거대한 크기가 되어버렸듯이, 그 모사적인 제목은 글 내용의 길이만큼 긴 제목이 되어버릴 것이다.

제목은 함축적인 것이 좋다. 제목이 함축적인 나머지 내용을 온전히 다 담기 어렵다고 느낄 때 시도해볼 수 있는 것이 부제(副題)다. 설명과 부연의 성격을 띤 부제가 존재할 경우, 본제목은 좀 더 비유적인 표현이 되어도 좋다. 그래서 학술 논문이나 학술 서적의 제목에다 문학적 향기를 담고 싶을 때, 본 제목과 아울러 부제를 다는 경우가 많다. 영화에도 종종 비유적인 제목이 붙는다. 배창호 감독의 1984년 영화 〈고래사냥〉은

포경(捕鯨) 영화가 아니다. 여기서 '고래'는 비유에 불과하기에, 이 영화에는 실제 고래가 나오지 않는다. 배창호 감독의 〈고래사냥〉을 보았느냐는 질문에, 누군가 보았다며 영화에서 고래를 작살로 푹 쑤시는 장면이 너무 잔인했다고 대답한다면, 그는 영화를 보지 않은 것이 틀림없다.

부제와 비슷한 것이 꽃말이다. 작약의 꽃말은 부끄러움이다. 작약을 사서 꽃을 피워본 사람은 누구나 그 의미에 공감하게 된다. 자신의 속을 보여주지 않겠다는 듯이 봉오리를 오랫동안 꼭 다물고 있다가, 때가 무르익으면 비로소 다른 꽃들보다 활짝 핀다. 그래서 작약을 '함박꽃'이라 부르기도 한다. 수줍어하다가 활짝 피는 그 반전의 묘미 때문에 작약을 좋아하는 사람들이 많다.

대상에 걸맞은 제목을 붙여야 하는 것으로 말하자면 사람 이름만 한 것이 있을까. 사람의 이름도 그 사람을 대표하게 된다는 점에서는 글의 제목과 비슷하다. 아직 해당 외국어에 익숙하지 않은 경우에는 부자연스러운 이름을 지을 수 있다. 한국어학당에 가면, 외국 학생들이 자기 한국어 이름을 그냥 한국 역사에서 따와 짓는 경우들이 종종 있다. '내 이름은 (연)개소문 피더슨', '내 이름은 (을지)문덕 아이반호', '내 이름은 춘향 블란쳇'. 동아시아 역사를 잘 모르면 자신의 일본어 클래스에서 자칫 '(도요토미) 히데요시 박', '(이토) 히로부미 조'라고 이름 붙일지 모르니, 역사 공부를 열심히 해야 한다. 한국 사람이 서양 이름을 지을 때도 마찬가지다. '김 옥타비아누스', '박 고르곤졸라', '정 헥토르', 음.

기말 페이퍼가 아니라 신문 칼럼이나 책에 제목을 다는 과정은 좀 더 복잡하다. 칼럼을 검토하는 신문사의 데스크나 책을 만드는 편집자는 제목에 관한 한 자신들이 상당한 발언권이 있다고 믿는 경우가 많다. 그들의 입김이 상당히 들어가기에, 신문 칼럼에 붙은 (소)제목이 마음에 들지 않는다고 필자만 탓하는 것은 한계가 있다. 그 제목은 대개 데스크에서 정했을 것이기 때문이다. 물론 편집자의 성향도 다양하기에, 최대한 저자의 의사를 존중하고자 하는 사람도 있고, 신문사나 출판사의 의향을 좀 더 반영하려는 사람도 있다.

제목을 두고 벌어지는 저자와 출판사 혹은 필자와 신문사의 줄다리기는 이른바 마케팅의 효과와 의미에 대해 입장이 갈리는 데서 오는 경우가 많다. 신문사나 출판사는 아무래도 잘 팔릴 수 있는 제목, 혹은 독자들의 관심을 크게 끌 만한 제목을 달고 싶어 한다. 그래서 별로 중요하지 않은 요소를 과장해서 마치 그것이 글의 핵심인 양 전면에 부각시킬 때도 있다. 물론 저자도 자신의 글을 마케팅하는 데 관심이 있지만, 그는 자신의 '의도'를 좀 더 강조할 공산이 크다. 마케팅적 요소가 상대적으로 적은 학술서나 학술 논문에서는 이러한 논란이 드물다.

실로 제목이 마케팅을 좌우할 수 있다. 1999년에 크게 흥행한 한국 영화 중에 〈인정사정 볼 것 없다〉가 있다. 이 영화의 성공 비결은 다름 아닌 제목이었다고 주연 배우 안성기 씨가 말한 적이 있다. 영화 속에는 실제로 인정사정 보지 않는 킬러가 나오고, 그 킬러를 잡기 위해 인정사정 볼 것 없이 질주하는 형사도 나온다. 동시에, 그 제목은 영화가 인정사정없이 멋진 장면을 보여주어서 인정사정없이 재미있을 것 같다는 느낌도 준다. 마치 인정사정 볼 것 없이 보러 가야 할 것 같은 영화다.

〈베로니카의 이중생활〉은 심각한 '예술'영화를 만들기로 유명한 크쥐시토프 키에슬로프스키 감독의 1991년 작 영화다. 제목만 보면, 마치 베로니카라는 여성이 두 명의 상대와 화려한 불륜 행각을 벌일 것 같지만, 실제 내용은 전혀 그렇지 않다. 벌거벗고 레슬링을 하며 숨을 헐떡이는 장면 같은 것은 전혀 없다. 그러나 제목만 보아서는 꼭 '에로 영화' 같다. 심지어 시리즈 제작도 가능할 것 같은 제목이다. 〈베로니카의 이중생활〉이 흥행하면, 이어서 〈베로니카의 삼중생활〉을 만들고, 그다음 해에는 〈베로니카의 사중생활〉을 만들고······ 그러다가 마침내 〈베로니카의 백중생활〉을 만들었을 때는 성대한 파티를 여는 거다. 어쨌거나 〈베로니카의 이중생활〉은 그 제목 덕분에(?) 제법 흥행에 성공한 것으로 알고 있다. 영화를 보러 왔다가 중간에 나간 사람이 많았지만 말이다. 그런데 〈베로니카의 이중생활〉이 원제를 왜곡했다고도 볼 수 없다. 원제는 'La Double vie de Veronique'이고, 영어 제목은 'The Double Life of Veronique'다.

요컨대, 제목은 내용을 잘 반영하되, 함축적이어야 하고, 함축적이면서 눈길을 끌 수 있어야 한다. 그러면 '아침에는 죽음을 생각하는 것이 좋다'와 같은 제목은 어떤가. 이 제목은 책 내용 전체를 요약하거나 포괄하지는 않는다. 일부 사람들이 좋아했던 칼럼의 제목을 차용한 것이다. 그러나 편집자의 입장에서는 그 제목이야말로 사람들의 주목을 끌기에 적합하다고 여겼을 수 있다. 특히 '아침'과 '죽음'이 병치되는 데서 오는 효과를 마음에 들어 했을 수 있다.

'우리가 간신히 희망할 수 있는 것' 같은 제목은 어떤가? 지나치게 달콤한 제목은 아닌가. 그 표현을 포함하는 전체 문장을 생각해보면 꼭 그런 것은 아니다. 그 제목은 책 프롤로그에 나오는 "고전 텍스트를 읽음을 통해서 우리가 간신히 희망할 수 있는 것은, 텍스트를 읽을 줄 아는 사람이 되는 것이다. 그리고 삶과 세계는 텍스트다"라는 문장에서 따온 것이다. 전체 문장을 읽어보면, '우리가 간신히 희망할 수 있는 것'이라는 표현은 그다지 달콤하지 않다. 고전 읽기를 만병통치약으로 간주해서는 안 된다는 저자의 취지를 담담하게 담는 표현인 것이다. 그 맥락에서 보면 그 제목의 가장 중요한 단어는 '간신히'다. 동시에, 그 달콤해 보이는 착시 현상은 편집자의 마케팅 취향을 만족시켰을 수 있다. '우리가 간신히 희망할 수 있는 것'의 경우처럼, 문장을 완성해 보아야 비로소 그 뜻을 온전히 알 수 있는 제목들이 있다. 누가 책 제목을 '너무 상했다'로 달았다고 치자. 실제 책을 읽어보아야, 상한 것은 음식이 아니라 빈정임을, 빈정이 상한 것임을 알 수 있다.

'공부란 무엇인가'는 어떤가. '우리가 간신히 희망할 수 있는 것'이나 '아침에는 죽음을 생각하는 것이 좋다'보다 더 책 내용을 충실하게 포괄하고 있는 것 같다. 실로, 이 책에 담긴 글들은 다 공부의 각 측면에 대한 것이며, 그 글들을 통해서 공부라는 것이 과연 무엇인지 생각해보기를 권하고 있다. 그리고 하필 '……란 무엇인가'라는 질문의 형태가 된 것에는, 일부 독자들이 저자의 〈추석이란 무엇인가〉라는 글을 기억하고 있을 것이라는 편집자의 기대가 담겨 있다.

윤두서, 미인독서美人讀書(18세기 초)

이처럼 제목은 중요하다. 제목은 독자의 관심을 환기하고, 일견 모호하고 불투명한 책 내용을 선명히 해줄 수 있고, 다면적인 글 내용에 일정한 방향성을 부여하는 역할을 할 수도 있다. 그리고 제목으로 인해 비로소 글이 완성되는 멋진 경우도 있다. 미국의 작가 찰스 부코스키의 시를 한 편 읽어보자. 아래의 시는 그 제목에 의해 비로소 완성되는 것 같다.

"믿기지 않겠지만/갈등이나/고통없이/평탄하게/살아가는 사람들이/정말 있다./그들은 잘 차려입고/잘 먹고 잘 잔다./그리고/가정생활에/만족한다./슬픔에 잠길 때도/있지만/대체로/마음이 평안하고/가끔은 끝내주게/행복하기까지 하다./죽을 때도 마찬가지라/대개 자다가 죽는 것으로/수월하게 세상을/마감한다./믿기지/않겠지만/그런 사람들이 정말/존재한다."

찰스 부코스키가 지은 이 시의 제목은 〈외계인들〉이다.

나도 제목을 붙이는 것이 귀찮을 때가 많다

2부

공부하는 삶

—

무용해 보이는
것에 대한 열정

호기심에서 출발한 지식 탐구를 통해 어제의 나보다 나아진 나를 체험할 것을 기대한다. 공부를 통해 무지했던 과거의 나로부터 도망치는 재미를 기대한다. 남보다 나아지는 것은 그다지 재미있지 않다. 어차피 남이 아닌가. 자기 갱신의 체험은 자기 스스로 자신의 삶을 돌보고 있다는 감각을 주고, 그 감각을 익힌 사람은 예속된 삶을 거부한다.

이 수업은 여러분들의 지적 변화를 목표로 합니다

수업 첫 시간

안녕하세요. 오늘은 수업 첫 시간이니 진도를 나가지 않고 이 수업의 목표가 무엇인지, 그리고 한 학기 동안 어떻게 진행할 것인지 안내하도록 하겠습니다.

우선, 이 수업이 필수과목이 아니라 선택과목임을 강조하고 싶습니다. 다시 말해서, 졸업을 위해 억지로 들을 필요는 없습니다. 듣고 싶어서 듣기 바랍니다. 학점을 따려고 필기 내용을 달달 외운 뒤, 시험 때가 되면 토사물 뱉듯이 뱉어놓고 내용을 잊어먹으려거든, 이 수업은 적절하지 않습니다. 학점은 목적이 아니라 수단이나 과정에 불과하다고 생각하는 학생, 자발적으로 내용을 배우고자 하는 학생, 그리하여 자기 갱신을 이루고자 하는 학생들에게 이 수업은 최적화되어 있습니다. 나 역시 먹고살기 위해서 할 수 없이 하는 일, 월급을 받기 위해서 불가피하게 하는 일에 임하듯이 수업에 임하지는 않겠습니다. 최대한 여러분의 발전을 돕고자 수업에 임하도록 하겠습니다.

성공할지 어떨지는 모르지만, 이 수업은 여러분들의 지적 변화를 목표로 합니다. 수업을 듣기 전과 후에 아무런 변화도 없다면, 그야말로 시간 낭비가 아니겠습니까. 변화란 그냥 생기지 않고 좀 힘들다 싶을 정도로 매진할 때 비로소 생깁니다. 운동할 때를 기억해보세요. 너무 가벼운 무게의 덤벨을 들면, 아무런 근육도 생기지 않습니다. 평소보다 좀 더 무거운 무게를 반복해서 들 때 비로소 근육이 생깁니다. 생각의 근육도 마찬가지입니다. 우리는 모두 평생 숨을 쉬며 살아왔지요. 그래서 호흡의 달인이 되었나요? 대충 숨 쉬며 산다고 해서 호흡의 달인이 되지는 않습니다. 공부도 마찬가지입니다. 공부하는 중에 한없이 편하다는 느낌이 들면, 뭔가 잘못하고 있을 공산이 큽니다.

평소보다 좀 더 무거운 지적 무게를 들기 위해서는 일정한 규율이 필요합니다. 러시아의 유명한 영화감독 타르코프스키는 주기적으로 정해진 일을 하면 기적이 일어난다고 말한 적이 있습니다. 이 수업을 듣는 사람들은 일단 수업에 지각하지 않도록 최선을 다해야 합니다. 지각하면 수업에 방해가 될 뿐 아니라 수업을 관통하는 기승전결의 흐름을 놓치게 됩니다. 여러분들의 지각을 막기 위해 매번 정시에 출석을 부르겠습니다. 학기말쯤 되면 여러분 이름을 다 외우는 것이 제 목표입니다. 여러분만 지각하지 말라는 것은 아닙니다. 저 역시 한 학기 내내 지각하지 않도록 최선을 다하겠습니다.

결석하지 않으려고 최선을 다해야 합니다. 수업에는 장기적인 흐름이라는 게 있으므로, 한번 결석하면 단지 그날 수업 내용을 놓치는 일에 그치지 않고, 한 학기를 관통하는 큰 흐름을 놓칠 공산이 큽니다. 아파서 결석하는 경우는 어쩌냐고요? 아프지 말기 바랍니다. 물론 원해서 아픈 사람은 없겠지요. 평소에 잘 씻고 끼니를 거르지 말고 규칙적으로 운동을 해서, 건강한 상태를 유지하도록 최선을 다해야 합니다. 그래야 결석하지 않을 수 있습니다. 저 역시 한 학기 동안 아프지 않도록 최선을 다하겠습니다. 이 사안은 아무래도 젊은 여러분들이 유리하지 않겠습니까.

수업 도중에 특별한 이유 없이 강의실을 나가서도 안 됩니다. 오래전 일인데요, 강의 도중 어떤 학생의 전화벨 소리가 울리고, 그 학생은 그 전화를 받기 위해 천연덕스럽게 강의실

이 수업은 여러분들의 지적 변화를 목표로 합니다

을 나갔다 오더군요. 오랫동안 자아 수양을 해왔기에, 나행히 그 학생에게 날아차기를 하거나 그러지는 않았습니다. 수업 도중에 강의실을 나가는 행동은 다른 학생들과 수업 진행에 지장을 줍니다. 영화관에 들어가면 휴대전화를 끄는 것이 예의이듯이, 수업 시간에는 전화를 꺼놓는 것이 예의입니다. 저 역시 제 전화를 꺼놓겠습니다.

수업 도중에 화장실에 가도 안 되냐고요? 물론 안 됩니다. 여러분은 성인이고, 성인의 자부심은 똥오줌을 참을 수 있다는 데 있습니다. 여러분이 한 시간 30분 정도는 생리현상을 관리할 수 있으리라는 사회적 기대가 있습니다. 마치 극장에 들어가기 전에 화장실에 들르듯이, 강의실에 들어오기 전에 화장실에 들르기 바랍니다. 그리고 손을 씻기 바랍니다. 예외적인 사정이 있는 사람은 미리 상의해주기 바랍니다.

아무리 화장실에 미리 다녀왔어도 통제할 수 없는 상황이 생길 수도 있겠지요. 그렇다고 해서 수업 중에 갑자기 손을 들고, "뭔가 나와요!"라고 울부짖는 것은 민망한 일이겠지요. 그런 경우에는 노래를 부르기로 합시다. 수업 중에 불가피하게 화장실에 가야 할 사정이 생긴 사람은 노래를 부르기 시작하는 겁니다. 어디선가 나직하게 들려오는 노랫가락을 듣고 우리는 누군가 곧 강의실 문을 나갈 것을 예감하고 그에 대해 마음의 준비를 하면, 강의에 집중력을 잃지 않을 수 있겠지요. 노래를 부르며 강의실을 떠나는 학우의 고통을 공감하고 양해할 수 있게 될 겁니다. 공감과 양해는 규율 못지않게 중요한 시민적 덕성입니다. 노래하는 목소리가 클수록, 곡조가 슬플수록, 그가 처한 상황이 위중하다는 신호겠지요. 저 역시 만에 하나 급히 용변을 봐야 할 사정이 생기면, 장송곡을 부르도록 하겠습니다.

여기까지 제 설명을 들은 여러분 중에는, 아, 뭔가 잘못되고 있다, 빨리 강의실을 나가서 수강을 취소해야겠다, 이런 생각이 드는 이들이 있을 수 있습니다. 어쩌면 제 얼굴을 보자마자 바로 강의실을 나가버리고 싶었을지도 모릅니다. 이해합니다. 그러나 갑자기 앞 다투어 강의실을 떠나면 그 역시 수업에 폐가 되니, 쉬는 시간까지 기다려주기 바랍니다. 쉬는 시간에 떠나면, 저도 마음의 상처를 받지 않고, 떠나는 사람도 식은땀을 흘리지 않고 명예롭게 강의실을 벗어날 수 있습니다.

학점에 대한 이야기도 해야겠군요. 강의 계획서 첫 페이지에, 학점을 얻기 위해 의무적으로 해야 하는 일들과 배점이 명시되어 있습니다. 정확히 이 기준에 의해 학점이 계산됩니다. 수업 시간에 적극적으로 참여하는 것 역시 성적 산정에 중요한 요소임을 잊지 말기 바랍니다. 수업은 남이 차려준 밥상을

이 수업은 여러분들의 지적 변화를 목표로 합니다

Quint Buchholz, Untitled(2000)

자기 입맛대로 먹는 시간이 아닙니다. 선생은 선생대로, 학생은 학생대로 수업을 풍요롭게 만들기 위해 할 일이 있습니다. 학생 역시 선생만큼이나 적극적으로 수업에 임해야 합니다.

학기 말에 성적이 원하는 만큼 잘 나오지 않았다고 해서 너무 낙담하지 말기 바랍니다. 뭔가를 열심히 하고 나면 그에 상응하는 보상이 있기를 바라는 것은 인지상정입니다. 그렇지만 개인의 주관적인 소망과 객관적인 평가 결과가 반드시 일치하리라는 법은 없습니다. 평가가 객관적으로 이루어지지 않으면, 이 사회에 통용되는 성적표와 추천서가 신뢰를 잃게 됩니다. 적폐가 따로 있겠습니까? 사회적 신뢰를 무너뜨리는 행위가 쌓이면 적폐가 됩니다. 한두 과목 성적이 안 좋다고 해서 인생에 큰 문제가 생기지는 않습니다. 별다른 근거도 없이 성적을 정정해달라고 떼를 쓰지 말기 바랍니다. 성적 정정을 위해서는 근거가 필요합니다. 근거도 없이 사정을 해보아야 성적은 변하지 않습니다. 절 보십시오. 벌써 느낌이 오지 않습니까? 그런 사안에 대해 국물이 있을 것 같아 보입니까?

성적 관련 사안에 대해 최대한 냉정을 유지하고자 하는 저도 두려워하는 일이 하나 있습니다. 들자 하니, 자식들의 성적이 잘 나오지 않으면, 어머니나 아버지가 학교에 찾아와서 통사정을 하거나, 떼를 쓰는 경우가 간혹 있다고 하더군요. 참

이 수업은 여러분들의 지적 변화를 목표로 합니다

난감할 것 같습니다. 대학은 유치원이 아닙니다. 여러분들은 성인이고, 성인이라면 스스로 똥오줌을 가릴 줄 아는 것처럼, 자신의 성적 역시 스스로 관리할 줄 알아야 합니다. 엄마에게 독립영화를 찍어달라고 한 뒤, 그 영화를 들고 독립영화제에 참가할 수는 없는 일 아니겠습니까. 이렇게 강조했는데도 성적이 안 좋다고 여러분들 엄마가 연구실에 찾아와서 저를 괴롭히면, 저도 어찌할 방법이 없습니다. 저도 엄마를 불러올 수밖에.

정신의 척추 기립근을 세우기 위해서
공부의 기대 효과

　언제부터인가 연구 계획서 쓰는 일을 싫어하게 되었다. 한국의 연구 계획서에는 대개 기대 효과를 쓰는 난이 있다. 거기에 쓸 말이 없기 때문이다. 이 연구가 완성되면 이러이러한 효과가 있으리라고 장담하기도 어렵거니와, 종사하는 공부 자체가 그러한 효용을 전제하고 있지도 않다. 즉각적인 쓸모를 위해서라면 아마 다른 일을 했으리라. 생계에 대한 우려에도 불구하고 공부를 업으로 삼은 이들이라면 누구나 이러한 고충에 공감할 것이다. 끝내 제출하지 못한 연구 계획서에 썼던 문장이 뭐였더라? 예술가 패티 스미스가 한 말의 변주였던 것 같다. "나는 왜 공부를 하는가? 그저 살기만 할 수가 없어서."

돈을 더 벌기 위한 공부, 더 유식해 보이기 위한 공부, 남과의 경쟁에서 승리하기 위한 공부, 즉각적인 쓸모에 연연하는 공부가 아니라고 해서, 공부의 결과에 대해 어떤 기대도 없어야 한다는 말은 아니다. 호기심에서 출발한 지식 탐구를 통해 어제의 나보다 나아진 나를 체험할 것을 기대한다. 공부를 통해 무지했던 과거의 나로부터 도망치는 재미를 기대한다. 남보다 나아지는 것은 그다지 재미있지 않다. 어차피 남이 아닌가. 자기 갱신의 체험은 자기 스스로 자신의 삶을 돌보고 있다는 감각을 주고, 그 감각을 익힌 사람은 예속된 삶을 거부한다.

지식 탐구를 통해 자신의 어떤 부분이 달라지는가? 지식이 깊어지면, 좀 더 섬세한 인식을 하게 된다. 아시아 사람들을 얼마 만나보지 않은 서양인의 눈에는 한국인, 중국인, 일본인, 몽골인이 잘 구별되지 않는다. 다 비슷하게들 생겼다고 생각한다. 그러나 좀 더 많은 아시아 사람들을 만나본 끝에 인식의 깊이가 깊어지고 나면, 처음보다 더 섬세하게 대상을 구별하게 된다. 음, 한, 중, 일 사람들이 다 다르게 생겼군. 마찬가지로, 소위 백인을 별로 만나보지 않은 사람들은, 세상 백인들이 다 똑같이 생긴 것으로 생각하기 쉽다. 그러나 많은 백인들을 만나보고 나면, 명칭만 백인일 뿐, 그들의 피부가 모두 흰

것도 아님을 깨닫게 된다. 와인도 그렇다고 하지 않는가. 오랜 경험을 통해 와인의 맛을 섬세하게 구별하는 이가 있기에 와인이 세분화될 수 있다. 그런 사람 앞에서 와인 맛이 다 똑같다고 말하는 것은, 와인에 대한 무지를 선언하는 것과도 같다. 잘 모르니까 다 비슷해 보일 뿐, 잘 모르니까 구별이 안 될 뿐.

대상을 섬세하게 판별하게 되는 일이 꼭 축복만은 아니다. 그에 수반하는 저주도 만만치 않다. 안목이 밝고 섬세해져 대상을 보다 선명하게 보게 되면, 그간 보지 못했던 아름다움도 감각할 수 있게 되지만, 그간 몰랐던 더러움도 시야에 들어오게 된다. 시집을 가까이 해보라. 이제 곧 지하철역에 걸린 시들 상당수가 거슬리기 시작할 것이다. 술자리에서 읊어대는 삼행시들 대부분이 참을 수 없게 될 것이다. 아니, 그 시들 자체는 참을 수 있을 것이다. 그러나 그 시를 자랑스러워하는 사람들을 참을 수 없게 될 것이다. 그리하여 사람들로부터 쓸데없이 까다로운 인간 취급을 받게 될 것이다. 급기야는, 어느 소설의 주인공처럼 이 세상으로부터 도피하기 위해, 일부러 나쁜 시력을 고집하게 될지도 모른다.

그러나 섬세한 구별 없이 문명은 존재할 수 없다. 대충 그쪽으로 날아가 봐, 그러다 보면 달에 도착하게 될 거야. 이런 식으로 해서 우주선을 달에 보낼 수는 없다. 방향과 거리를 섬세하게 나누고 계산하여 우주선을 쏘아 올려야 목적지에 제대로 도달할 수 있다. 과학에만 정교하고 섬세한 구별이 필요한 것은 아니다. 《잃어버린 시간을 찾아서》를 쓴 마르셀 프루스트도, 경험에 합당한 언어를 부여하지 않으면 그 경험은 사라지게 된다는 취지의 말을 한 적이 있다. 자신의 독특한 경험에 맞는 섬세한 언어로 자신의 경험을 포착하지 않는 한, 그 경험은 사라지고, 그만큼 자신의 삶도 망실된다.

섬세함은 사회적 삶에서도 중요하다. 섬세한 언어를 매개로 하여 자신을 타인에게 이해시키고 또 타인을 이해하고자 하는 훈련을 할 때, 비로소 공동체를 이루고 살 수 있다. 거칠게 일반화해도 좋을 만큼 인간의 삶이 단순하지는 않다. 거친 안목과 언어로 상대를 대하다 보면, 상대를 부수거나 난도질할 수 있을지는 몰라도 제대로 이해하기는 어렵다. 그런 식의 거친 공부라면, 편견을 강화해줄 뿐, 편견을 교정해주지는 않는다. 섬세한 언어야말로 자신의 정신을 진전시킬 정교한 쇄빙선이다. 자신의 세계를 확장하고 싶다면, 다른 세계를 가진 사람을 만나야 하고, 그 만남에는 섬세한 언어가 필수적이다. 언어라는 쇄빙선을 잘 운용할 수 있다면, 물리적인 의미의 세계는 불변하더라도 자신이 체험하는 우주는 확장할 수 있다. 그 과정 전체에 대해 메타적인 이해마저 더한다면, 그 우주는 입체적으로 변할 것이다. 언어는 이 사회의 혐오 시설이 아니다. 섬세한 언어를 적극적으로 활용한 공부를 고무하지 않는 사회에서 명철함과 공동체 의식을 갖춘 시민을 기대하는 것은 사막에서 수재민을 찾는 것과 다를 바 없다.

그럴진대, 누군가 어떤 대상을 향해 너무 과도한 일반화를 일삼는다면, 혹은 너무 흐릿한 언어를 동원하고 있다면, 혹은 지식을 떠먹여준다는 명분하에 너무 쉬운 말만 늘어놓고 있다면, 듣자마자 쉽게 이해가 가는 이야기만 늘어놓고 있다면, 잠깐의 공부를 통해 많은 것을 이룰 수 있다고 약을 팔고 있다면, 이는 거의 반(反)사회적 행동에 가깝다. 이 공부를 하기만 하면, 혹은 이 책을 읽기만 하면, 당신의 허약한 기력은 보충될 것이며, 정신적 기갈은 멎게 될 것이며, 거친 피부가 윤택해질 것이며, 미세먼지로 시달린 심폐는 활력을 찾을 것이며, 무분별한 젊음의 열독이 풀어질 것입니다…… 운운. 이 음식을 먹으면 온갖 잡병이 다 낫는다는 식으로 광고하는 식당에 들어가면 얼른 뒤돌아 나와야 하듯이, 이러한 지식의 광고를 보면 빨리 도망쳐야 한다.

세상은 날로 각박해져, 쓸모가 쉽게 증명되지 않는 공부에 전념할 수 있는 사회적 환경이 날로 위태로워지는 이즈음에, 공부의 기대 효과가 기껏 까다로운 인간이 되는 것이라니, 정

정신의 척추 기립근을 세우기 위해서

Ejnar Nielsen, A Blind Girl Reading(1905)

녕 기대할 건 그것뿐이란 말인가. 그렇지는 않다. 의도하지 않은 선물이 하나 더 있나니, 공부가 즉각적인 쓸모와 거리가 멀면 멀수록, 묘한 '간지'가 난다는 것이다. 당장 쓸모가 무엇인지는 모르겠는데, 누구나 쉽게 배울 수 있을 것 같지는 않은 것들. 이를테면, 라틴어나 한문 공부, 혹은 초서 읽기나 암벽 등반은 어떤가. 현실적으로 무슨 이득을 가져다주는지 언뜻 불분명한 일들에 성심껏 종사하는 이들에게는 자기 통제력을 놓지 않은 파계승 같은 '간지'가 감돈다.

어떤 신문기자가 등반가 라인홀트 메스너에게 물은 적이 있다. "당신이 낭가파르바트 설산을 오르는 것이 대체 무슨 의미가 있나요?" 메스너는 대답했다. "그렇게 묻는 당신의 인생은 무슨 의미가 있는가?" 그의 대답에는 보통 사람이 쉽게 가지기 어려운 어떤 정신의 척추 기립근 같은 것이 느껴진다. 이 정신의 척추 기립근이야말로 유용성의 신화가 지배하는 21세기, 무용한 공부에 매진하는 이에게 허여된 마지막 기대 효과 같은 것이다. 그러나 무용해 보이는 대상에 대하여 에로스를 느끼고 열정을 불태우는 일이 갖는 의미를 누구나 다 공감해주는 것은 아니다. 어떤 청년이 학문 혹은 예술의 한 우물만 파겠다고 포부를 밝힐라치면, 사람들은 "뭐, 학문 혹은 예술의 한 무덤만 파겠다고?"라고 대꾸하기 일쑤다.

이처럼 무용해 보이는 공부가 가진 의미를 이해할 수 없는 사람은 아마도 그런 공부가 죽기보다 하기 싫을 것이다. 무엇인가를 그토록 하기 싫어한다는 것도 나름 인정해줄 만한 결기다. 공부가 하기 싫은 나머지, 공부를 제외한 다른 모든 일을 그는 해낼 수 있게 된다. 공부가 싫은 나머지, 숨 막히는 조직 생활도 해낼 수 있다. 심지어 매일 출근도 해낼 수 있다.

인생 역전 만루 홈런은 없습니다

공부의 생애 주기

다시 태어나고 싶은 생각 같은 것은 없다. 한 번의 생으로도 충분하다. 그 한 번 산다는 일에 생애 주기가 있듯이, 공부에도 생애 주기가 있다. 사시사철 과일이 나오긴 하지만, 아주 맛있는 사과를, 딸기를, 체리를, 홍시를 먹을 수 있는 때는 사실 1년 중 정해져 있지 않은가. 그리고 어떤 공부는 누적적이어서, 가을에 어떤 책을 읽기 위해서 봄에 읽으면 좋은 책들이 있다.

물론 이것이 연장자가 더 나은 견해를 가졌을 거라는 말은 아니다. 혹시라도 그런 생각을 하는 사람이 있다면,《소명으로서의 정치》에서 막스 베버가 한 말을 들려주고 싶다. "토론하면서 출생증명서의 생년월일을 들먹이며 이기려 드는 상대를 나는 참아본 적이 없다. 상대가 스무 살이고 나는 오십이 넘었다는 사실 하나로 내가 더 성취하고 더 배웠다고 할 수 없다. 나이가 문제가 아니다. 관건은 삶의 현실을 직시할 수 있는 단련된 실력, 삶의 현실을 견딜 수 있는 단련된 실력, 내면으로 감당해낼 수 있는 단련된 실력이다."

어렸을 때는 행운이 있기를 바란다. 그 시절만큼은 존재한다는 것 자체가 어떤 쾌감일 수도 있다는 생각을 가끔 할 수 있기 바란다. 그러니까, 먹고 자고 싸고 움직이고 쉬는 일이 시원하기를 바란다. 그것도 어느 정도는 배워서 되는 일이다. 그리고 감정이 머리와 가슴속을 잘 지나가게 하는 습관을 들이고 싶다. 이 정도다, 어린 시절에 기대하는 공부는. 이것만 잘되면, 나중에 쓸데없는 불안에 시달리지 않을 가능성이 크다.

청소년기에는 타고난 육체적 역량을 최대한 펼쳐보는 체험을 하고 싶다. 이것도 어느 정도는 배워야 할 수 있는 일이다. 꼭 해봤어야 하는데 해보지 못해서 안타깝다. 잘 먹고 들소처럼 뛰었어야 하는데, 너무 오래 누워 있었다. 외국에 살 때 부러웠던 것은, 교육자들이 청소년의 체육교육에 지극한 관심과 공을 들인다는 사실이었다.

외국어를 제대로 배울 수 있는 기회가 빨리 왔으면 좋겠다. 외국어는 단지 여행 도구나 취직 기술에 그치는 것이 아니다. 모국어로만 이루어진 세계와는 현격히 다른 의미 세계에 접속하는 열쇠다. 외국어를 배워보아야, 자기가 구사하는 언어만큼 생각한다는 말을 실감하게 된다. 물론 외국어를 못해서 좋은 점도 있다. 못하는 외국어로 욕을 먹으면, 큰 욕에도 별로 상처받지 않는다.

단순히 외국어뿐 아니라 한문이나 라틴어 같은 고전어도 배우고 싶다. 한문을 모른다고 한국어 생활에 큰 지장이 있는 것은 아니다. 다만 자신의 언어생활이 깊어질 수 있는 확실한 기회 하나를 놓치게 된다. 한문을 모르면 짐승들끼리 인지상정(人之常情)이라며 서로를 위로하게 된다.

대학에 들어가기 전에 운전, 요리, 각종 수리의 달인이 되고 싶다. 생활의 편의도 편의지만, 연애하는 데 아주 쓸모 있을 것 같다. 운이 좋아 대학생이 되고 나면, 의무적인 인성 교육 따위는 받고 싶지 않다. 참고 받는 인성 교육이라면, 인성은 나아지지 않고 인성 교육이라는 미션을 하나 클리어했다는 느낌만 남을 것 같다. 남을 착취하는 것이 나쁘다는 것을 자연스럽게 습득할 수 있는 환경에 놓이고 싶다. 왕자가 되지 못했다는 이유로 흑화되고 싶지 않다.

인생 역전 만루 홈런은 없습니다

기초체력을 안 쌓으면 나중에 감기에 자주 시달리듯, 지적 기초를 안 쌓으면 지적 감기에 시달리게 된다. 그래서 운 좋게 대학에 들어갔다면, 읽기, 쓰기, 말하기, 듣기를 고루 잘 배우고 싶다. '양방(양적 방법론)'과 '질방(질적 방법론)'은 좀 나중에 배워도 된다. 일단 '썰방(말하고 쓰는 법)'을 잘 배워야 한다는 학교 전설이 있다. 설득할 줄 알고 설득당할 줄 알기를 바란다. 자신이 틀렸다는 게 판명되었다고 갑자기 미친 척해서 모면하려 들지 말기를 바란다. 단 한 번이라도 좋으니, 아주 아주 최고급의 교양 강의를 들어보고 싶다. 들으면서 샘물 같은 기쁨을 느껴보고 싶다.

직장 생활 부적응자로 판명되거나, 책 읽기를 비정상적으로 좋아하거나, 수중에 돈이 있으면, 자칫 대학원에 가게 될지도 모른다. 대학원의 교육목표는 대학의 교육목표와 다르다. 아무도 떠먹여주지 않는다. 정답이 있는 주어진 문제만 풀어온 사람은 이 단계에서 좌절할 것이다. 자기 스스로 연구 질문을 던지고, 리서치 계획을 세우고, 집행하는 방법을 배워야 한다. "이 부분을 모르겠어욤……. 기분이 찝찝해욤……. 토끼의 간을 주세욤." 이렇게 지적 옹알이를 할 수 있는 때는 지났다. 순간의 통찰이니 뭐니 하는 '지랄병' 하지 말고, 연구자들이 누적해온 지식을 존중하는 법을 배워야 한다.

Albert Anker, Elderly Woman Reading the Bible(1904)

연구자의 길을 가는 것은 단순히 지식을 쌓는 것이 아니라 인식론적 객관성을 위해 도덕적 결단을 하는 일까지 포함한다. 그러한 도덕적 결단 없이는 탐구와 인식의 객관성이 확보될 리 없다. 자칫 자기가 보지 않은 것은 존재하지 않는다고 우기고, 자기가 못하면 안 해도 된다고 생각하게 되기 쉽다. 인식론적 객관성을 존중하는 자세가 몸에 익으면, 누가 봐도 못생긴 아이를 두고 예쁘다고 강변하는 부모에게 엄연한 사실을 말해야 한다는 소명 의식이 들지도 모른다. 그러나 머릿속 모든 것을 입 밖에 내야 할 필요는 없다.

졸업 전에 한 번쯤은 엄한 선생을 만나볼 기회가 있기를 바란다. 과제를 많이 내주고 날카로운 비평을 해주었기에 결코 흠뻑 좋아할 수는 없지만, 그로 인해 배운 것이 많아 용서하게 되는 엄한 선생을 만나는 것도 행운이다. 엄한 선생 없이는 애매한 재야 고수로 남을 가능성이 크다. 인터넷 서핑을 하다 보면, 재야 고수가 프로 선수에게 '처발리는' 영상이 널려 있다. 학문의 길은 재야 고수의 길보다 잔인하다. 자신은 결국 공부에 적합한 지력과 소명 의식이 없는 것으로 판명될 수 있는 위험을 감수해야 하는 것이다. 그러나 위험을 감수하지 않는 장기 프로젝트는 없다.

그러다 보면 중년이 된다. 이때 조심해야 한다. 세상에는 약을 팔러 다니는 사람이 많다. 특히 예언가들을 조심해야 한다. 검증하려야 검증하기 어려운 이야기들을 남발하는 사람들을 조심해야 한다. 많은 사람이 믿는다고 그 진릿값을 보장할 수는 없다. 프랑스 소설가 아나톨 프랑스가 말하지 않았던가. 헛소리를 믿는 사람이 아무리 많아도 그것은 여전히 헛소리라고. 그동안의 무식을 일거에 날려버릴 벼락같은 통찰, 일종의 인생 역전 만루 홈런을 치게 해주겠다는 약장수들을 조심해야 한다. 공부는 산삼을 찾는 과정이 아니다. 기립성 저혈압 환자를 갑자기 포복형 고혈압 환자로 만들 수는 없다.

중년이 되면, 차라리 결핍을 받아들이는 게 낫다. 결핍이 오히려 가능성을 만들기도 하는 법이다. 청장년 시절의 어떤 결핍이 오히려 자원이 되어 있기를. 그래서 결핍으로 고통받기는 했지만, 결핍이라는 것을 아예 모르고 사는 인생이고 싶지는 않았다고 나직하게 중얼거릴 수 있기를 바란다.

노년이 되면 체력이 현격히 저하된다. 그때 가서 새삼 구해야 할 나라 같은 게 있으면 너무 피곤할 것 같다. 꾸준히 공부해왔다면, 공부가 이미 습관이 되어 있을 것이다. 공부를 하기 위해 매번 결단을 내릴 필요는 없을 것이다. 결단에 필요한 에너지를 절약하여, 나보다 어린 사람들에게 적극적으로 배우는 거다. 수중에 돈이 있으면 기꺼이 지불하면서.

95
인생 역전 만루 홈런은 없습니다

그리고 마침내 때가 온다. 인간은 언젠가 죽는다. 사놓고 그때까지 안 읽은 책들은 이제 포기하겠다. 이 단계가 되면 내 삶에 들어왔다가 나간 동학들이 남긴 흔적들을 천천히 치우겠다. 부고는 들리지 않고, 다만 근황을 듣기 어려울 것이다. 잠시 심호흡을 하고 작은 응접실의 불을 끄는 거다. 이것이 삶이었나요? 이미 다 지난 일이군요.

지적인 헛소리를 하지 않으려면

공부와 체력

헛소리를 일삼는 상대에게 자비심을 가질 수 있는 방법이 있다. 아, 저 사람이 체력이 달려서 저러는구나, 라고 생각하면 된다. 체력이 달리면 무슨 일이 일어나는가? 집중력이 떨어진다. 사고력이 저하된다. 말이 귀에 잘 들어오지 않는다. 글이 눈에 들어오지 않는다. 결국, 헛소리를 하게 된다. 발표하다 말고, 느닷없이 "어미야, 팔다리가 쑤신다!"라고 소리 지르게 된다. 다른 직종에서도 그렇겠지만 학자에게 헛소리는 치명적이다. 헛소리를 하지 않으려면 체력 관리를 해야 한다. 체력이 필요하기로는, 듣는 이도 마찬가지다. 체력이 달리면, 헛소리에 대한 저항력이 약해져서 상대에게 상냥하기 어렵다.

까칠한 사람으로 찍히면 사회생활이 어렵다.

매사에 체력은 기본이지만, 학문의 길에서 체력은 특별히 중요하다. 학문은 장기 레이스이기 때문이다. 열정을 오래 유지할 체력이 없으면, 소기의 성과를 낼 수 없다. 맹자는 말했다. "무엇인가를 행하는 것은 우물을 파는 것과 같다. 우물을 아홉 길을 파도 샘에 이르지 않으면, 그것은 쓸모없는 우물이 된다(有爲者辟若掘井, 掘井九軔而不及泉, 猶爲棄井也)." 연인을 오래 기다리면 뭐 하나? 한 시간 있다가 지쳐 가버리면, 결국 못 만난 것이다. 바위를 오래 내려치면 뭐 하나? 바위가 갈라지기 직전에 지쳐 그만두면, 결국 바위를 가르지 못한 것이다. 과정 자체를 즐길 수 있는 사람이라면 괜찮겠지만, 기어이 일정한 성과를 거두고자 하는 사람은 장기전에 필수적인 체력을 길러야 한다. 창의적이고 도전적인 시도도 체력이 좋아야 할 수 있다.

체력이 이토록 중요한데도 두뇌의 중요성에 비해 체력의 중요성은 그간 충분히 강조되어온 것 같지 않다. 일단 중·고교 교육에서부터 체력 단련은 저평가되어왔다. 한국의 학교에서 일주일에 체육 시간이 몇 번이나 되는가? 그리고 그 시간은 정말 학생들의 체력 향상에 도움을 주는가? 그나마도 고3이 되면 체육 시간을 없애거나 줄이지 않나? 명목은 체육 시간이지만, 그 시간에 소위 주요 과목의 예습과 복습을 하고 있지나 않나? 한국 학생들은 OECD에서 가장 조금 자고, 가장 적게 운동하는 것으로 알려져 있다.

이러한 교육 환경은 학생들에게 그릇된 신호를 줄 공산이 크다. 창백한 얼굴로 카페인 음료를 들이켜며 창가에 앉아 카뮈의 《이방인》을 읽는 학생이 하나 있다. 그러다가 눈이 피로해질라치면, 흥분한 포유류처럼 운동장을 뛰어다니는 아이들을 힐끗 보면서 한마디 중얼거리는 거다. "짐승들……." 운동장에서 뛰어노는 아이들은 "공부는 몸이 부실한 애들이 살아남기 위해 하는 거지"라고 중얼거리는 줄도 모르고 말이다. 대학에 들어간다고 해서, 사정이 달라지는 것도 아니다. 해외의 대학 중에는 일정 정도 수영 실력이 되지 않으면 아예 졸업하지 못하는 곳도 있건만, 술 담배에 푹 전 채로 컵라면으로 끼니를 때우며 밤새 게임을 하다가 졸업하는 학생들이 득실거리는 곳도 있다. 그 역시 아름다운 추억일 수는 있겠으나, 대학 시절 내내 짐승처럼 운동장을 누빈 이들과 체력적으로 큰 차이가 날 수밖에 없다.

사정이 이러함에도 젊은 시절에는 체력 단련의 중요성을 절감하지 못할 수 있다. 젊은 혈기에, 카페인 음료에만 의존해가며 책을 읽어도 그럭저럭 자기 앞가림을 해나갈 수 있는 것처럼 느껴지기 때문이다. 그러나 젊음은 유한하고, 육신은 퇴화하며, 체력은 한정된 자원이었음이 판명난다. 회복할 수 없을 정도로 체력이 고갈되고 나면 결국 공부를 그만둘 수밖에 없다. 공부를 그만두어도, 사람들은 왜 그가 공부를 그만두었는지조차 모른다. 너무 지친 나머지 왜 공부를 그만두는지 말할 기력조차 없기 때문이다. 누가 그랬던가, 사람들이 유서를 남기지 않는 이유는 단순히 기운이 없어서라고.

간신히 버텨내어 학자 '비스무레한' 존재가 되었다고 치자. 그래도 방심하면 안 된다. 한국에서 학자연하는 사람들 중에는 술을 많이, 자주, 그리고 늦게까지 퍼마시는 이들이 제법 있기 때문이다. 플라톤의 《대화편》에서는 술을 마시면서도, 인류사에 길이 남을 심오한 철학적 대화가 오가건만, 이곳은 고대 그리스가 아니다. 대개 남들 험담이나 신세 한탄이나 객쩍은 농담으로 시간을 허송한다. 어쩌다 한 번이면 모를까, 밤늦게까지 술 마시며 시답지 않은 소리나 하는 걸 습관으로 삼아서야, 학자의 꼴을 유지하기 어렵다. 일단 체력과 두뇌의 활력이 유지되지 않는다. 체력이 달리면 정신력으로 버티면 되지 않느냐고? 정신력도 한정 자원이다. 맛없는 디저트를 정신력으로 참고 먹어야 할 때를 대비해서, 정신력을 아껴 써야 한다.

체력을 강화 혹은 유지하기 위해서는 어떻게 해야 하나?

일단, 건강하게 태어나는 것이 좋다. 마치 술이 원래 센 사람이 숙취를 모르는 것처럼. 좋은 체력을 타고난 사람은, 체력이 달린다는 느낌 자체를 모르는 것 같다. 피곤하다는 게 뭐야? 공복감 같은 건가? 가려움증 같은 건가? 이에 반해, 체력이 부족한 사람은 팔과 다리를 몸통에 붙이고 있기 위해서만도 안간힘을 써야 한다. 자칫 긴장을 풀었다가는 언제고 팔다리가 몸통에서 떨어져 바닥 위를 구를지 모른다. 저질 체력 보유자는 잠을 자는 동안에도 자신이 지쳐 있다는 것을 느낀다.

건강하게 태어났다고 해서 너무 자만해서는 안 된다. 건강하게 태어나봤자, 결국에는 인간의 몸이다. 꼬리도 지느러미도 없다. 호랑이나 상어에 비해 너무 하찮다. 건강을 과신했다가, 일찍 세상을 떠난 이들이 허다하다. 건강하게 태어나는 것은 물론 축복이지만, 그건 자신이 선택할 수 없는 일이라는 것이 문제다. 이미 태어났는데 저질 체력인 걸 어쩌란 말인가? 그다음에 할 수 있는 것을 할 도리밖에 없다. 잘 먹어야 한다. 몽골 격언 중에 "고기는 인간에게 주고, 풀은 짐승에게 주어라"라는 말이 있다. 채식주의자가 아니라면, 고기든 생선이든 양질의 단백질을 챙겨 먹는 것이 좋다. 특히 어렸을 때 잘 먹는 것이 중요하다. 어렸을 때 잘 먹으려면 아무래도 부유한 집이나 복지국가에 태어나는 게 좋은데, 이 역시 자신이 선택할

Andrea del Castagno, Dante Alighieri(c.1450)

수 없는 일이다. 할 수 없다. 최후의 방법을 쓰는 수밖에. 최대한 버텼다가 학술회의가 끝난 뒤 열리는 회식에 참여하라. 그곳에서는 대개 양질의 음식이 무료로 제공된다.

이처럼 집요한 노력을 통해 양질의 단백질을 섭취하는 데 성공했다고 치자. 그다음에는 운동을 해야 한다. 공부의 결과는 오래 걸려서 나타나는 데 비해, 운동의 결과는 상대적으로 빨리 나타난다. 늘어나는 근육을 보면서, 지식도 그처럼 늘어나기를 기대해보는 거다. 운동은 정신적 스트레스를 푸는 데도 유용하다. 학인이라면, 음주가 아닌 운동으로 스트레스를 푸는 습관을 들여야 한다. 운동을 격렬히 하다 보면 잡념이 사라지니, 머리를 잠시나마 쉬게 할 수 있다. 그뿐이랴. 운동은 사고능력과 관련된 백질 부위의 수축을 막아 두뇌를 건강하게 만들기까지 한다.

운동할 처지가 되지 않는다고? 운동할 기운 자체가 없다고? 그러면 일단 쉬어야 한다. 이때는, 윈스턴 처칠의 조언을 경청하는 것이 좋다. 누군가 인생의 성공 비결을 묻자, 처칠은 이렇게 대답했다. "에너지 절약이 관건이다. 앉을 수 있는데도 서 있어서는 안 된다. 누울 수 있는데도, 앉아 있어서는 안 된다."

공부에 있어 이처럼 체력이 중요하다는 것을 깨닫고, 나는

지적인 헛소리를 하지 않으려면

아널드 슈워제네거나 실베스터 스텔론 같은 근육 덩어리를 볼 때마다, 안타까운 마음을 금할 수 없다. 저들이야말로 학문에 적합한 인재인데! 그 몸을 가지고 왜 영화배우를 했어! 대학원에 갔어야지! 체력이 좋으니, 그냥 오로지 공부에만 집중하면 될 텐데! 올림픽 역도 금메달리스트 장미란 선수가 유학을 간다는 소식을 접하고서야 이 안타까움은 사그라들었다. 장미란 선수, 팬이에요. 오로지 공부에 집중하여 좋은 결과 있기 바랍니다. 무거운 거 들 일 있으면, 절 시키세요.

유학이란 무엇인가
고독과 자율

　　교육부 통계에 따르면, 대학 이상의 고등교육을 받기 위해 유학 가는 사람의 수는 지난 2010년대 내내 늘 20만 명이 넘었다. 고등교육을 받기 위해 한국으로 유학 오는 사람들도 꾸준히 늘어서, 2000년대 초에는 1만 명 남짓하던 유학생 수가 2019년에는 16만여 명이 되었다. 유학 가는 나라로는 미국과 중국이 압도적으로 많았고, 유학 오는 이의 국적은 중국과 베트남이 대부분이었다.

　　유학에는 상당한 비용이 든다. 급격한 환경 변화가 초래하는 경제적, 육체적, 정신적 비용이 크다. 경제학에서는 비용을 생각할 때 늘 기회비용(opportunity cost)을 고려한다. 유학을 가지 않았어도 어느 정도의 의식주 비용은 본인이 어디에 있든 들었을 비용이다. 그 점을 생각하면 유학 비용은 생각보다 크지 않을 수 있지만, 유학을 가지 않고 다른 생산적인 인생을 살았을 경우를 생각해본다면, 유학은 역시 상당한 비용이 드는 일이라고 하겠다. 다시 말해서, 유학이란 일부에게만 열려 있는 특권적인 기회. 그 비용을 자신이 대든, 부모가 대든, 정부가 대든, 장학재단이 대든, 혹은 유학 대상국 정부나 학교가 대든.

전 세계에서 인재를 빨아들이고 있다는 북미의 소위 탑 스쿨(top school)들에는 대개 좋은 장학제도가 있다. 2020년 발표에 의하면, 하버드 대학은 전체 학부생 70퍼센트에게 재정 지원을 하고 있으며, 55퍼센트의 학생들이 경제 사정을 이유로 장학금을 받고 있다. 하버드 대학 학부모의 20퍼센트는 자식의 대학 교육에 아무 비용도 지출하지 않아도 된다. 대학원은 어떤가? 북미 지역 탑 스쿨 대학원의 등록금은 엄청나게 비싸지만, 유학 기간 내내 학비와 생활비를 보장하는 경우가 대부분이다. 즉 합격하기만 하면 큰 경제적 고민 없이 공부에 전념할 수 있는 것이다. 현재 한국의 대학원 중에 그런 지원을 제공하는 곳은 없다. 경제적으로 불안한 상태에서 공부하는 이들이 그러지 않는 이들과 경쟁하기는 쉽지 않다.

공부란 무엇인가

어쨌거나 그 비싼 유학을 갈 필요가 있는가? 자신이 속한 사회의 교육기관에서 제공하는 배움을 이미 다 익혔는데도 배움의 갈증이 가시지 않는다면, 어디론가 다른 곳에 가서 배움을 지속하고자 할 수 있다. 그뿐 아니라 현재 자신이 속한 환경에 적응하지 못하는 사람도 유학을 고려할 수 있다. 부적응 상태로 꾸역꾸역 진행되는 게 삶이라지만, 환경을 바꿀 수 있다면 바꾸는 것이 좋다. 배움 그 자체가 가장 중요한 목적이 아니더라도, 자신을 둘러싼 이런저런 그물망으로부터 벗어나고 싶은 사람은 유학을 시도해본다. 마치 과거에 적지 않은 여성들이 불편한 자신의 친정을 벗어나고자, 결혼을 선택했던 것처럼. 자신을 둘러싼 환경을 개인의 힘으로 고치기 어렵다면, 떠나기라도 해보는 거다. 다른 나라에 유학 가 있으면, 적어도 철마다 찾아오는 (참여하고 싶지 않은) 경조사로부터 자연스럽게 배제된다. 이도 저도 아니라면, 단지 새로운 체험을 찾아 유학을 떠나는 사람들도 있다.

인간 사회 자체에 아예 적응이 안 되는 사람도 있을 수 있다. 인간이라면 일단 알레르기가 나는 사람은 유학을 가도 상황이 달라지지 않는다. 그리고 어디에 가나 새는 바가지도 있을 수 있다. 그 바가지는 환경을 바꾼다 해도 물이 샐 것이다. 그러나 자신이 태어나 자란 특수한 사회에 적응이 어려운 사람은 유학을 시도해볼 만하다. 환경을 바꾸다 보면, 결국 그 환경 속에 사는 자신도 바뀔지 모른다. 사람을 바꾸는 체험은 물론 흔하지 않은데, 유학은 그 드문 체험 중 하나일지 모른다.

한국의 교육이라는 것이 어디 전인적인 역량을 시험해왔던가? 어떤 사람들은 새로운 환경에서야 마침내 잠재력을 꽃피운다. 자신은 원래 무능했던 사람이 아니라 한국 사회의 편협한 기준 때문에 무능했던 것으로 판명되는 것이다. 그 반대의 경우도 있다. 한국에서 능력자 대우를 받던 사람이 새로운 환경에서는 무능하기 짝이 없는 사람으로 판명되는 경우도 있다. 원래 잘하던 사람이 아니라 한국 사회가 제공하는 교육에 잘 적응한 사람이었을 뿐인 것이다. 결국, 유학은 어떻게 될지 모르는 예측 불가능성 속으로 자신을 던지는 일이다.

유학을 가면 반가운 고독이 기다린다. 이제 고국에서보다 훨씬 더 자신의 삶을 스스로 책임져야 한다. 다 큰 자식을 유학지까지 따라가서 밥해주고 빨래해주는 부모가 있다는 풍문을 듣기는 했으나…… 끙. 대부분은 혼자 유학 생활을 하게 된다. 그렇다면, 자신의 삶을 통제하는 능력이야말로 성공적인 유학 생활의 관건이다. 자신이 구태여 타향까지 와서 많은 비용을 지불하고 있는 이유가 무엇인지 종종 상기하고, 원하는 목표에 도달하기 위해 필요한 열정을 유지하고, 규칙적인 생활을 통해 건강을 잃지 않고, 착각에 빠지지 않기 위해 자기 객관화 능력을 키우고, 타인에게 크게 의존하지 않아도 되는 방식으로 삶을 꾸려나가는 일이 그 어느 때보다도 필요하다. 누가 뭐라고 하든, 누가 시키든 말든, 제시간에 일어나 상하지 않은 음식을 찾아 먹고, 자기 공간의 청결을 유지하고, 산만한 정신을 수습하여 공부에 임해야 한다. 그리고 이것이 습관이 되어 하루하루가 자연스럽게 굴러가도록 해야 한다. 유학은 혼자 고독하게 임하는 장기 레이스이므로.

유학이 초래하는 이 고독과 자율은 축복인 동시에 저주이기도 하다. 타지에 도착하면, 일단 자신을 얽매어온 사회적 그물망으로부터 벗어난 데서 오는 해방감이 밀려온다. 그리고 이 타지에서의 인생은 더 이상 예전 같지 않으리라는 예감이 은은하게 번져온다. 이러한 자유가 꼭 반가운 것만은 아니다. 고국에서는 느끼지 못했을 이질감과 이물감이 생활 전반에서 곧 넘쳐나기 시작한다. 내 경우, 미국에 도착하고서야 미국 사람들이 내가 예상했던 것보다 훨씬 더 영어를 잘한다는 것을 깨달았다. 어린 시절 그 나라에서 살면서 언어를 이미 익힌 행운아들을 뺀다면, 유학생 대부분은 외국어로 소통하는 데서 오는 다양한 어려움을 겪게 된다. 이제 쉽게 처리할 수 있는 일들도 몇 배의 에너지를 사용하여 처리해야만 한다. 그리고

Quint Buchholz, One Morning in November(1990)

자신은 그 사회의 이방인 혹은 주변인이므로, 자신이 왜 이 사회의 일원이어야 하는지를 소위 원주민보다 더 자주 증명해야 한다.

오래지 않아 이 사회도 한국 못지않게, 어쩌면 그 이상으로 촘촘한 사회적 그물망을 통해 유지되는 곳으로 판명된다. 애써 벗어난 사회의 그물망 속으로 이제 다시 진입해 들어가야 한다. 어쩌면 전보다 더 큰 비용을 치르면서. 그 과정에서 제정신을 유지하는 것이 중요하다. 유학을 떠날 때, 한국의 어떤 원로 교수가 내게 했던 격려의 말이 불현듯 떠오른다. "그 학교에 유학 가면 아무개 교수가 있을 거야. 가서 이렇게 전하게. (갑자기 언성이 높아짐) 연구비 이제 그만 좀 타 먹으라고! 음, 그리고 유학 생활 잘하게. 자네도 알다시피 한국 교수들 태반이 다 미친놈들 아닌가. 그게 다 유학 생활을 잘못해서 그런 거야. 음, 음, 그만 가보게."

한국의 교육이 충분히 싫어졌을 무렵 다행히도 나는 장학재단으로부터 너그러운 장학금을 받아 유학을 떠날 수 있었다. 그 덕분에 여러 가지 새로운 경험을 했고, 건강을 완전히 잃지는 않은 채로 고국으로 돌아올 수 있었다. 유학 시절에 배우고 경험한 것을 바탕으로 현재의 직장 생활을 하고 있으니, 무의미한 경험은 아니었다. 게다가 유학이 주는 가외의 선물이 하나 있으니, 그것은 유학 가봐야 별거 없다는 말을 침착하게 할 수 있다는 것이다.

유학을 통해 나는 변했나? 그렇기도 하고, 그렇지 않기도 하다. 고대 로마의 시인 호라티우스는 이렇게 노래했다. "덧없는 삶을 사는 우리는 왜 애써/많은 것을 추구할까? 어찌 낯선 태양이/끓는 곳을 찾아갈까? 고향을 등진다고/자신마저 등질 수 있을까?"

연구년은 누구에게나 필요하다

심화 학습의 시간

미국 유학을 하고 그곳에서 직장 생활을 하기까지 했지만, 외국에서 죽을 때까지 살겠다고 마음먹어본 적은 없다. 별생각 없이 하루하루 유학 생활을 해나가다가, 마침내 졸업 이후의 삶에 대해서 구체적으로 생각해보게 되었다. 그러다가 일부 고등학교에서 이런저런 새로운 모색을 한다는 이야기를 듣고는 한국의 고등학교에서 가르치며 사는 일에 대해 잠시 생각해본 적이 있다. 유학을 떠나기 전, 고분고분한 사람으로 학창 생활을 보내지 않았다. 유학을 와서도 한국 학계의 풍토와 기성 학자들에 대한 불만을 토로하기를 서슴지 않았다. 그 결과, 상당한 수의 적을 만들었다. 귀국한들 무난히 취직을 할 수 있으리라는 전망은 없었다. 그리고 교육자가 될 바에야, 대학생보다는 중·고등학생을 가르치는 것이 더 보람 있지 않을까 하는 막연한 생각이 있었다. 대학생에 비해 중·고등학생이 아무래도 가소성(可塑性)이 더 있는 존재일 테니까.

이러한 생각을 접게 된 데에는 중·고등학교에는 연구 생활을 할 수 있는 여지가 거의 없다는 인식이 한몫을 했다. 연구를 위한 도서관도, 연구를 위한 연구실도, 그리고 연구에 집중할 수 있는 연구년도 없다면, 실제로 연구를 수행하기는 쉬운 일이 아니다. 이래저래 한국에서 마음에 맞는 취직자리를 쉽게 찾을 수 없을 것 같아서, 졸업 무렵 우선 미국 대학에서 자리를 알아보았다. 다행히도 졸업 직후에 일자리를 얻을 수 있었다. 그렇게 생긴 경력 덕분에 아무 연고도 없던 한국의 대학과 학과에 취직을 할 수 있었다고 생각한다. 미국 대학의 교수 경력이라는 것이 지금보다도 훨씬 더 드물 때였다.

막상 한국으로 돌아오려니, 가장 아쉬운 것은 미국 대학의 연구년 제도였다. 재직하던 대학은 학생들의 교육을 매우 중시하는 곳이었지만, 정규직 교수들은 매 3년이 지나면 1년의 연구년을 쓸 수 있었다. 그처럼 양호한 연구년 정책의 바탕에는 제대로 된 교육을 하려면 연구를 충실하게 해야 한다는 생각이 깔려 있다. 어차피 미국에서 평생을 살 생각은 없었으므로,

그 양호한 연구년 조건마저 뒤로하고 나는 귀국길에 올랐다.

교수들이 연구년을 누린다는 사실을 많은 사람들이 부러워한다. 일정한 기간이 지나고 나면 1년씩 쉴 수 있으니 얼마나 좋아? 격무에 시달리는 한국의 여타 직장인들이 그런 시각을 갖는다는 것은 충분히 이해할 수 있다. 그러나 연구년은 노는 시간이 아니다. 연구년은 어디까지나 교수를 교육과 행정의 업무로부터 잠시 해방시켜, 연구에 집중하라고 만든 제도다. 이러한 근본 취지를 고려한다면, 교수의 연구년은 오히려 진작되어야 한다. 그뿐 아니라 다른 많은 직종들에도 연구년 제도가 도입될 필요가 있다.

그러나 늘 제도의 악용 소지는 존재한다. 유학하던 학교가 한국에 널리 알려진 곳이어서 그런지, 유학 시절 한국 교수들이 연구년을 보내기 위해서 매년 그곳에 왔다. 물론 그들 중에는 연구년 본연의 취지에 맞게 열심히 자료를 모으고 연구에 매진하고 해외 학자들과 교류를 하다가 귀국하는 이들도 있었다. 그렇지만 대부분의 시간을 음주와 골프와 관광으로 소진하는 교수들도 많았다. 그 꼬락서니를 보면서 자연스레 불만을 가지게 되었다. 이들은 기껏 놀기 위해, 그리고 자식에게 영어 조기교육이라는 기회를 부여하기 위해서 이 먼 곳까지 왔단 말인가.

꼴불견은 그뿐이 아니었다. 내가 이래 봬도 한국에서 큰 학회의 학회장을 하고 있는 몸인데, 이렇게 소홀한 대접을 하다니! 하고 분노를 터뜨리는 중견 교수들도 있었다. 아니, 그 허울 좋은 대접을 받기 위해 이 타향까지 왔단 말인가. 그리고 학자의 대접이란 학회의 보직에 따라 주어지는 것이 아니라 그 학자의 학식에 의해 좌우되어야 맞는 것이 아닌가. 그곳의 한국 유학생 자치회와 간담회를 가진 것을 두고는 해외 유수의 대학에서 외국인을 대상으로 초청 강연을 했다고 한국의 신문사에 일부러 알리는 교수들도 있었다. 연구년을 보내겠다고 왔지만, 현지에서 사용하는 언어를 습득하지 않아 교류가 아예 불가능한 교수들도 있었다. 학생 처지에 이런 교수들에게 드러내놓고 불만을 표시하기까지 했으니……. 돌이켜 보면 한국에서 취직이 된 일이 신기하기까지 하다.

마침내 귀국을 해서 기뻤던 마음도 잠시. 한국의 대학에는 한국의 대학만이 줄 수 있는 피로와 고통이 있다. 그렇게 몇 년을 보내고 드디어 인생에서 최초로 1년이라는 온전한 시간을 연구년으로 보낼 수 있는 기회가 내게도 왔다. 서양에서 오랜 시간을 보냈던지라, 동양권의 외국을 경험해보고 싶어서 일본의 도쿄 대학으로 연구년을 보내러 갔다. 도착하자마자, 도쿄 대학에서 제공하는 외국인 학자와 현지의 일반 시민

연결 프로그램을 찾아보았다. 해외의 큰 대학들은 그러한 교류 프로그램을 운영하고 있다는 사실을 학생 시절의 경험으로 알고 있었다. 미국 유학 시절에도 그러한 프로그램에 응한 적이 있었지만, 학업을 따라가기 바빠서, 연결된 현지의 일반 시민을 자주 만나지는 못했었다. 그래도 나의 파트너가 내 영어 발음을 교정해주고, 메이플라워(Mayflower)호(1620년 영국에서 아메리카 식민지였던 현재의 매사추세츠주 플리머스까지 청교도 개척자들을 수송한 선박) 유적지를 구경시켜주었던 기억은 난다.

이제 한국의 교수가 되어 도쿄 대학에 연구년을 보내러 왔지만, 나는 방문학자라기보다는 아직 유학생의 정신 상태에 가까웠다. 나는 이번에야말로 현지 시민 연결 프로그램을 제대로 활용해보고 싶어서, 일본 메이지 시대(明治時代, 1868~1912) 문헌을 함께 읽어줄 사람을 물색했다. 마침내 도쿄 대학이 주선한 소개의 자리에 나가본즉, 노령의 남자 한 분이 나를 기다리고 있었다.

그렇게 만난 80대의 우스키 상은, 도쿄 대학에서 경제학을 공부했고, 그 이후엔 석유회사에서 줄곧 일했다고 한다. 그러나 그의 관심은 다양하여, 무슨 하이쿠(俳句) 협회 회장인가를 맡고 있기도 했다. "후쿠자와 유키치(1835~1901)가 쓴 한국 관련 논설에는 한국을 비방하는 내용이 많을 텐데, 괜찮으신가?"라고 되묻는 우스키 상과 함께, 후쿠자와 유키치의 한국 관련 논설들을 일부 읽었다. 사전을 통해서도 잘 알기 어려운 그 당시 표현들을 익히는 데 도움이 되었다. 정치 논설 읽기가 지겨워질 즈음에는 나쓰메 소세키(1867~1916)의 소설을 함께 읽기도 했다. "우스키 상, 당신은 무라카미 하루키와 나쓰메 소세키 중에서 누가 좋습니까"라고 묻자, 우스키 상은 정색을 하고 대답했다. "나쓰메 소세키가 좋습니다. 두 사람은 차원이 다릅니다."

나쓰메 소세키의 《쿠사마쿠라(草枕, 풀베개)》는 다음과 같은 문장으로 시작한다. "산길을 오르면서 이렇게 생각했다. 이치를 따지면 모가 나고, 정에 치우치면 휩쓸리고, 고집을 피우면 옹색해진다. 이래저래, 사람의 세상은 살기 어렵다." 사람의 세상은 이처럼 살기 어렵다니, 《쿠사마쿠라》의 첫 부분은 왠지 단테의 《신곡》 첫 부분을 연상시킨다. "인생을 절반쯤 살았을 무렵, 길을 잃고 어두운 숲에 서 있는 내 자신을 발견했다. 그 거칠고, 가혹하고, 준엄한 숲이 어떠했는지는 입에 담는 것조차 괴롭고 생각만 해도 몸서리쳐진다. 죽음도 그보다는 덜 쓸 것이다."

그래서 80대의 우스키 상에게 물었다, 산다는 것은 좋지 않은 일입니까? 우스키 상이 대답했다, 좋은 일도 있습니다.

Károly Ferenczy, Man Sittings on a Log(1895)

3부

공부의 기초

———

질문과 맥락 만들기

여러 경험과 생각이 쌓여서 하나의 성채를 이루고 나면, 그 성 내에는 일정한 온실 효과가 발생하여, 이런저런 입체적인 잡생각이 추가로 생겨난다. 여기서 한 걸음 더 나아가 일견 별로 관계없어 보이는 생각과 경험들을 연결하기 위해서는 용기라는 덕목이 필요하다.

공부하려 마음먹는 일이 어려운 일이라면

공부와 능동성

학생들을 가르치는 일을 하고 있다 보니 반복해서 받게 되는 질문이 있다. 요즘 학생들은 예전 학생들과 크게 다른가요? 어떤 점에서 다른가요? 아직 막연한 인상에 불과하지만, 나를 포함한 적지 않은 선생들은 요즘 학생들이 점점 수동적으로 변해가고 있다는 느낌을 받는다. 주어진 과제를 해내고 학점을 챙긴 뒤 빨리 다음 단계로 가고 싶다는 조바심이랄까. 최대한 수동적으로 있다가 학점만 따고 떠나면 족하다는 느낌이랄까. 자신의 이야기를 적극적으로 개진하기보다는 가만히 앉아 남의 이야기를 듣고 가겠다는 심산이랄까. 이런 느낌은 필수과목이 아닌 선택과목을 가르칠 때도 마찬가지다. 취업이 날로 어려워지는 엄혹한 현실을 감안하면, 이러한 태도가 만연한 것도 놀라운 일은 아니다. 자신을 피해자나 약자로 자리매김하는 한 능동적인 태도를 갖기는 쉽지 않다.

이러한 느낌 자체가 오해인지도 모른다. 수동적인 학생들은 대개 앞에 앉기를 꺼리고 강의자로부터 한껏 떨어져 앉으려 드는데, 이런 현상은 선생들에게서도 발견된다. 학생 시절로부터의 습관인지, 평교수들은 회의할 때 대개 학장으로부터 멀리 떨어져 앉는다. 외부 강연의 청중들도 마찬가지다. 팬클럽 회동이 아닌 다음에야 앞에서부터 앉는 경우는 드물다.

수동적인 청중을 앞에 두고 이야기를 하다 보면, 극도의 외로움이 강의자에게 엄습하곤 한다. 제발 반응을 보여줘, 흑흑. 반응을 보여주지 않으면 나도 비뚤어지고 말 테야, 수동적이 되어버리고 말 테야. 그러나 그럴 수는 없다. 어차피 등록금을 냈으니 수동적으로 있다가 학점이나 따서 나가면 그만이라는 자세를 일부 학생이 보인다고 해서 선생도 따라 할 수는 없다. 어차피 월급을 받게 되어 있으니 수동적으로 가르치다가 월급이나 받으면 그만이라는 자세로 선생이 가르치다 보면, 학교가 망하는 건 순식간이다.

소극적인 혹은 수동적인 자세는 어쩌면 사려 깊은 태도의 한 측면일 수도 있다. 잘 익지 않은 주장을 섣불리 공개적으로 개진하기보다는 차분하게 남의 의견을 경청하겠다는 태도의 일환일 수도 있는 것이다. 그러나 공부에는 두뇌와 체력에 못지않게 배우고자 하는 적극성 혹은 자발성이 중요하다. 똑같이 노력했어도 자발적인 자세로 공부에 임한 사람과 그러지 않은 사람 간의 차이는 실로 크다. 자신의 의견을 적극적으로 개진하는 일을 몸에 익히지 않은 사람이 어느 날 갑자기 자기 의견을 잘 표현하게 되는 경우는 드물다. 먹어도 살이 잘 안 찌는 체질 같은 건 없을지 몰라도, 공부해도 지식이 잘 안 찌는 체질은 있다. 자발성이 장착되어 있지 않은 사람이 바로 그렇다. 아무리 지식을 퍼먹어도 머리에 많은 것이 남지 않고 다시 밖으로 빠져나간다.

자발성이 있는 사람, 스스로 동기부여를 잘하는 사람은 아무리 힘든 일도 거뜬히 해내곤 한다. 자발적으로 원하기만 한다면야, 백두대간을 행군하는 것이 문제랴, 번거로운 나물 무치기가 대수랴. 강요받았다면 결코 하지 않을 히말라야산맥 등정이나 백일기도도 적절한 동기만 있으면 거침없이 해낼 수 있다. 반면, 강요받으면 하고 싶은 일도 하기 싫어지는 법. 똑같은 무게라도 억지로 드는 겨울날 아침 아령보다 목말라 드는 여름밤 맥주잔이 가볍게 느껴지는 데는 다 이유가 있다.

알고 보면, 공부 역시 맥주 마시는 일 못지않게 쾌락적인

125

일이다. 일정 궤도에 오르고 나면 공부하는 순간순간이 쾌락이니, 적극적이 되지 않을 도리가 있겠는가. 특히 목적 없는 배움이야말로 즐거운 법. 특정 목적이나 효용에 대한 수단의 성격을 띠는 공부들, 학점을 따기 위한 공부, 자격증을 얻기 위한 공부, 돈을 벌기 위한 공부는 대개 그다지 재미있지 않다. 취업을 목적으로 한 전문대학원에 진학하지 않고 일반대학원에 진학하는 사람들 중 상당수는 그러한 무목적적 공부가 주는 즐거움에 중독된 사람들이다. 공부하는 '순간'이 좋아서 대학원에 왔다는 학생을 만난 적도 있다.

그런데 심오한 공부일수록 쾌감을 느낄 수 있을 때까지 고된 훈련 기간이 필요하다. 훈련을 마치기 전에 공부를 포기하면, 공부가 주는 쾌락을 충분히 누릴 수 없다. 올림픽 마라톤 금메달리스트 황영조 선수는 경기 중에 포기하고 싶다는 생각보다는 출발 직전에 포기하고 싶다는 생각이 훨씬 강하게 든다고 말한 적이 있다. 일단 공부가 궤도에 오르면 그럭저럭 진행하게 되는 법. 그렇다면 공부하는 과정보다 어려운 것이 고된 공부를 하려고 마음먹는 일이다. 쉽지 않은 공부는 늘 결기를 요구한다.

스스로 동기를 부여하기 어려우면, 동기가 생기지 않을 수 없는 메커니즘을 만들어야 한다. 자발적인 동기에 의해 독서

습관이 생기지 않는다면, 독서 모임을 만들어서 정기적으로 책을 읽지 않을 수 없는 환경을 조성하는 것도 한 방법이다. 공부를 두고 내기를 하는 것은 어떤가. 책을 안 읽어오면 벌금을 내게 하는 것은 어떤가. 그 벌금을 모아서 자신이 가장 싫어하는 선생님에게 선물을 사서 드리기로 하면 어떤가. 선물을 하기 싫은 마음에 공부를 열심히 하게 될 것이다.

공부하려 스스로 마음먹는 것이 그토록 어려운 일이라면, 학생이 그런 마음을 먹게끔 선생이 북돋는 것은 어떤가? 그 방법으로 흔히 거론되는 것이 칭찬이다. 칭찬은 고래도 춤추게 하지 않는다던가. 인간은 고래가 아니지만 그래도 칭찬을 받으면 신이 나는 법. 신이 난 나머지 공부를 더 열심히 하려고 들지도 모른다. 그런데 칭찬은 비판과 함께해야 효과가 있다. 칭찬을 남발하다 보면, 칭찬의 의미 자체가 실종된다. 아무거나 다 잘 먹는 사람이 추천하는 무수한 맛집을 신뢰할 수 없듯이 칭찬을 남발하는 선생의 평가는 신뢰할 수 없다. 정말 칭찬을 칭찬답게 하려면, 평소에 충분히 비판적이어야 한다. 하버드 대학에서 정치사상사를 가르치는 하비 맨스필드 교수는 학점 인플레가 너무 심하다며 수강생들에게 공식 학점과 비공식 학점을 동시에 부여해서 화제가 된 바 있다. 이 A 학점은 학점 인플레 때문에 할 수 없이 주는 학점이고, 이 B 학점

Carl Spitzweg, The Bookworm(1850)

이야말로 자네가 받아야 하는 진정한 학점일세!

너무 오래 학위 과정에 남아 있는 학생이 있기에, 학위 논문을 끝내기만 한다면, 교정에 플래카드를 붙여주겠다고 내가 격려한 적도 있다. "장하다! 김○○! 마침내 졸업하는구나! - 후련해하는 지도교수." 이렇게 붉은 글씨로 써서 학교 정문과 교정 곳곳에 걸어두면, 졸업식에 참석하는 부모님과 그 학생은 얼마나 가슴 뿌듯하겠는가. 얼마나 감동하겠는가. 너무 감동한 나머지 학교를 영원히 떠나 사회생활을 적극적으로 하게 될 것이다. 졸업식 시즌에 하필 해외 출장을 가는 바람에 안타깝게도 이 야심 찬 플래카드 프로젝트는 실현되지 못했다.

상황이 이러할진대, 오늘날 선생은 (지루한) 지식 전달자에 그쳐서는 안 된다. 고무하고 영감을 주는(inspiring) 역할까지 해야 한다. 이는 쉽지 않다. 상대를 고무하고 영감을 주기 위해서는 지식이 많아야 할 뿐 아니라 감성과 상상력이 풍부해야 하고……. 어쩌면 외모까지 단정하게 관리해야 할지 모른다. 선생의 외모가 깔끔해야 학생들이 잘 배운다는 도시 전설이 있다. 강사가 잘생기면, 혹은 단정하면, 재미없는 내용도 귀에 쏙쏙 들어온다는 학교 전설이 있다. 일단 잘 씻어야 한다. 면도도 규칙적으로 해야 한다. 침을 흘리지 말아야 한다. 등산복을 입고 출근하지 말아야 한다. 아무리 맛없는 음식도 미남미녀 혹은 인상 좋은 사람과 함께 먹으면 미슐랭 별을 받은 레스토랑 음식처럼 입에 착착 감긴다는 이야기도 있지 않던가. 조만간 강의에도 미슐랭 가이드가 생길지 모른다. 미(美)슐랭 별 하나, 별 둘, 별 셋⋯⋯.

모범생의 자세로만은 부족하다

공부와 창의성

시중에서 나도는 이야기를 그럭저럭 그러모아 늘어놓은 뒤, 이 사회에서 기꺼이 허용하는 수준의 비판의식을 첨가하고, 많은 이들이 좋아하는 타자에 대한 공감 의식을 고명처럼 살짝 얹고, 다가올 미래에 대한 신중한 제언을 첨부하는, 크게 흠잡을 데는 없으나 어떤 강렬한 인상도 남기지 않는 말과 글에 대해서 우리는 요구할 수 있다, 좀 더 창의적이 되라고. 목전의 상황에서 가능한 여러 선택지들을 나열하고, 그 선택지들이 가져올 편익과 비용을 계산해서 보여주지만, 그 어떤 선택지도 우리에게 닥친 문제를 해결해주지 못할 때 우리는 요구할 수 있다, 좀 더 창의적이 되라고.

창의적이 되어라. 그러나 이 말처럼 답답한 요구도 드물다. 도대체 어떻게 하란 말인가? 살을 찌워라. 어떻게? 더 먹으면 된다. 살을 빼라. 어떻게? 덜 먹으면 된다. 근육질이 되어라. 어떻게? 운동하고 단백질을 섭취하면 된다. 청결하게 되어라. 어떻게? 빡빡 씻으면 된다. 이러한 일들은 비록 어려운 일들이기는 하지만, 무엇을 해야 하는지는 비교적 분명하다. 그러나 창의적이 되라니, 도대체 뭘 어떻게 하란 말인가? 갑자기 창의적이 되는 알약이라도 있는 것일까. 살다가 창의적인 사람을 만나면, 나직하게 물어보는 거다. 뭐…… 최근에 드시는 환약이라도 있나요? 판매처를 저한테도 알려주시면…….

다이어트약을 파는 곳은 있어도 창의력 증진제를 파는 곳은 없다. 창의력이야말로 알약을 먹는다고, 혹은 시키는 대로 한다고 생기는 역량이 아니다. 대개 창의적이게끔 태어난 사람이 창의적이다. 그러나 개선의 방법이 아예 없는 것은 아니다. 그 자신이 과학자인 동시에 과학소설 분야에서 탁월한 업적을 쌓은 창의적인 작가 아이작 아시모프는 창의성에 대한 글("On creativity")에서 새로운 아이디어를 얻기 위해서는 별로 상관없어 보이는 두 생각을 연결할 필요가 있다는 취지의 말을 한 적이 있다.

여기서 주목할 것은 하나의 생각이 아니라 두 개의 생각,

즉 복수의 생각을 전제하고 있다는 사실이다. 다시 말해서, 생각을 하나만 해서는 창의적이 될 수 없다. 여러 가지 잡다한 생각을 해야 한다. 잡념이 많은 인간은 일단 창의적이 될 수 있는 기본 조건을 갖춘 셈이다. 생각 자체가 아예 많지 않다면, 일단 경험을 확대해야 한다. 인간은 대개 대상이 있어야 비로소 생각한다. 새로운 대상을 경험할 수 있는 여행이나 독서가 창의력 향상에 도움이 되는 것은 바로 그 때문이다.

자기 관심 영역에서 경험이 일정 정도 쌓이고 나면, 경험 대상을 새로운 영역으로 확대해야 한다. 자신이 한국에 관심이 있다고 해서 한국만 경험해서는 한국에 대해서조차 잘 알 수 없게 될 것이다. 자신이 글을 잘 쓰고 싶다고 해서 글만 써서는 글을 잘 쓰게 되리라는 보장이 없다. 한국을 공부하는 사람도 동유럽을 알아야 하고, 현대를 공부하는 사람도 중세를 알아야 하고, 경제학을 공부하는 사람도 시를 읽을 필요가 있다. 관습이라는 감옥에 갇히기 싫다면.

여러 경험과 생각이 쌓여서 하나의 성채를 이루고 나면, 그 성 내에는 일정한 온실효과가 발생하여, 이런저런 입체적인 잡생각이 추가로 생겨난다. 여기서 한 걸음 더 나아가 일견 별로 관계없어 보이는 생각과 경험들을 연결하기 위해서는 용기라는 덕목이 필요하다.

구습(舊習)이 쌓여 썩어가는 분야의 글과 말을 아무거나 집어 읽어보라. 거기에는 하나 마나 한 이야기들, 기존의 권위에 아부하는 그렇고 그런 문장들이 넘쳐나고 있을 것이다. 지적인 용기가 부족하여 예리한 지점까지 나아가고 있지 못한 뭉툭한 사변들이 가득 차 있을 것이다. 일견 비판적으로 보여도, 그 비판을 구태의연한 사유와 언어로 앵무새같이 반복하고 있다면 그 역시 용기가 없는 글이기는 마찬가지다.

이러한 일은 대개 자신의 존재가 불안한 나머지, 은연중에 기존 권위와 관습에 자신의 정신을 위탁할 때 벌어진다. 물론 그 불안에는 이유가 있다. 관습을 넘어선 자를 사람들은 종종 미워하고 시기하니까. 이미 만족한 사람은 아직 만족하지 않고 더 열렬히 추구하는 사람을 경원시하곤 하니까. 그러나 시키는 대로만 열심히 하는 모범생의 자세로만은 관습적인 학인에 머물 뿐, 반짝이는 작품을 내놓기 어렵다.

물론 갑자기 큰 용기를 내는 일은 누구에게나 어렵다. 그래서 아주 작은 일에서부터 용기를 낼 필요가 있다. 자신의 생각이 혹은 자신의 글이 원래 계획했던 결론으로 나아가지 않을 때 겁을 먹어서는 안 된다. 그것은 어쩌면 자신의 글이 진짜 창의적이 되고 있다는 신호일 수 있다. 뭔가 엉뚱한 길로 간다는 것은 위험하지만 멋진 일이다.

그래서 창의적이 되기 위해서는 용기뿐만 아니라 유연성도 필요하다. 용기만 있을 뿐 유연성이 부족하면 큰 각도로 꺾어서 새로운 길을 가기 어렵다. 육체와 마찬가지로 정신도 스트레칭이 필요하다. 예컨대 자신이 정보를 집적하는 데만 너무 오래 골몰했다면, 주기적으로 정신의 스트레칭이 될 만한 양질의 이론적 자극을 찾아 나서야 한다. 만약 자신이 역사 관련 강의를 듣는데, 그 수업에서 많은 정보를 낡은 틀에 담아 주입하고 있다면, 과감하게 영감을 주는 다른 이론 강의를 함께 들을 필요가 있다. 만약 자신이 이론의 구축에만 너무 오래 골몰했다면 새로운 자료를 모으기 위해 자신이 구축한 이론 틀 밖으로 나가볼 필요가 있다.

나이가 들수록 사람들이 관습적이 되기 쉬운 이유는, 관습에 의존할수록 에너지 소비가 덜하기 때문이다. 실로 새롭게 생각하는 일은 여러모로 많은 정신적, 육체적 에너지를 요구한다. 그러기에 사람들은 에너지 소비를 줄이려고 가능한 한 많은 것을 습관화하려 든다. 평소의 습관을 넘어서려면 평소 이상으로 소비할 여유분의 에너지가 있어야 한다.

시간적 여유, 경제적 여유, 체력적 여유 등 여러 가지 여유가 필요하지만, 특히 시간적 여유가 필요하다. 쓸데없는 시간이 있어야 쓸데없는 생각을 하고, 그 당장은 쓸데없는 생각이

Federico Zandomeneghi, Young Girl Reading a Book(1880s)

나중에는 창의적인 생각으로 변할 수도 있다. 이불을 사타구니에 넣고 이리 굴렸다가 저리 구르는 순간 새로운 아이디어가 나오는 법이다. 느긋한 마음으로 욕조에 들어가 멍하니 있을 때 새로운 아이디어가 기어 나오는 법이다.

여유가 필요하다는 말이 곧 자신을 편한 상태에 두라는 뜻은 아니다. 어렵게 손에 쥔 여유를 가지고 과감하게 험지(險地)로 떠나야 한다. 너무 안온한 환경에 자신을 방치해두면, 새로운 생각을 할 역량 자체가 퇴화해버릴 것이다. 뇌과학자들에 따르면, 유충 시절에 물속을 떠다니는 멍게는 뇌가 있지만, 성체가 되어 적당한 장소에 고착된 멍게는 자신의 뇌를 먹어버린다고 한다. 이제 안정되었으니, 떠돌아다니는 시절에나 필요했던 기관을 폐기해버린다는 것이다.

우리는 멍게가 아니므로 흥미로운 험지를 기꺼이 찾아다녀야 한다. 과제가 많기는 해도 영감이 넘치는 강의, 낯설지만 자극이 넘치는 장소, 까다롭지만 창의적인 인물을 찾아 그 자장(磁場) 안에 있어야 한다. 물론 그곳이 험지라는 점을 잊어서는 안 된다. 유익하고 재미있는 강의는 대개 많은 과제가 따르고, 흥미롭고 탄성을 자아내는 환경은 위험하기 마련이며, 창의적인 사람은 예민하거나 괴짜인 경우가 수두룩하다.

그리하여 마침내 자신만의 뮤즈를 찾아야 한다. 이 세상에

모범생의 자세로만은 부족하다

는 다양한 뮤즈가 존재한다. 보기만 해도 영감이 솟게 만드는 아름다움의 뮤즈, 재치와 위트가 넘쳐서 상대의 감각을 두드려주는 유머의 뮤즈, 좋게 말할 때 창의적이 되는 게 좋을 거라고 위협하는 공포의 뮤즈, 돈 힘으로 창의력을 진작하는 입금의 뮤즈…….

나의 뮤즈는 바다 괴물이다. 사실 난 언제나 바다 괴물에 대해 생각하고 있다. 중요한 정책 결정을 앞두고 벌어지는 열띤 토론의 시간에도, 정말 맛있는 디저트를 먹을 때도, 남북한 정상회담이 이루어지는 역사적 순간에도, 건강 검진을 하기 위해 채혈을 하는 순간에도 나는 마음 한구석에서 심해의 바다 괴물에 대해서 생각하고 있다. 이 모든 것의 의미를 바꾸어놓을 수 있는 거대한 바다 괴물을.

정신의 날 선 도끼를 찾기 위해서

독서란 무엇인가

책을 왜 읽는가? 어떤 이는 사회로부터 도망치기 위해 책을 읽는다. 프랑스의 비평가 에밀 파게는 말했다. "독서의 적(敵)은 인생 그 자체다. 삶은 질투와 경쟁으로 뒤흔들리고, 우리를 독서를 통한 자기 성찰에서 멀어지게 한다." 그리하여 질투와 경쟁으로 뒤범벅이 된 사회, 그 모래 지옥으로부터 도망치기 위해 책을 읽는다.

책은 다른 매체보다 훨씬 더 독자에게 집중력과 몰입을 요구한다. 숨죽여 책에 집중해 있노라면, 세상이 고요해지고, 독서가는 참평화를 얻는다. 미국의 작가 수전 손택은 말했다. "독서는 제게 유흥이고 휴식이고 위로고 내 작은 자살이에요.

세상이 못 견디겠으면 책을 들고 쪼그려 눕죠. 그건 내가 모든 걸 잊고 떠날 수 있게 해주는 작은 우주선이에요." 이 작은 우주선에 중독된 나머지, 나가서 뛰어놀지 않고 책 읽기에만 매진하다 보면, 사회성이 부족한 사람이라느니 자신에게 과몰입해 있는 사람이라느니 하는 말을 듣게 된다.

책을 읽는다고 꼭 자신에게 몰입하게 되는 것은 아니다. 독서는 사회로부터 도망치는 데도 유용하지만, 자신으로부터 도망치는 데도 쓸모가 있다. 책에 집중하기 위해서는 일단 자신을 떠나 책 내용으로 들어가야 한다. 바로 그 이유 때문에, 독서에 너무 집착하지 말라고 권고한 이들이 있다. 중국의 사상가 육상산(陸象山)이나 왕양명(王陽明)에 따르면, 책 읽기에 너무 집착하다 보면 진짜 자신을 잃을 수 있다. 일본의 사상가 가이호 세이료(海保青陵)는 《만옥담(萬屋談)》에서 "책 읽는 사람은 책에 취한 취객"이라고 말한 적이 있다. 독서는 자기에 취하는 일이 아니라 책에 취하는 일이다.

책은 사회와 자아의 중간에 있다. 사회로부터 도망치기 위해서 독서에 몰입할 수도 있고, 자아로부터 달아나기 위해서 책을 읽을 수도 있다. 어쨌거나 책은 세상과 소통할 수 있는 언어를 준다. 책의 내용은 언어로 되어 있고, 언어는 사회가 공유하는 것이며, 그 언어를 통해 사람들은 의사소통을 한다.

사회로부터 도망하기 위해 책을 읽다가 거꾸로 소통을 위한 언어가 풍부해지는 역설이 독서 행위에 있다.

언어가 풍부해지면, 사회에 나가 사람들과 소통하지 않더라도 작은 축제와 같은 나날을 보내게 된다. 이것저것 머리에 넣어두면, 그것들은 자기들이 알아서 부딪히고 발효되어, 다채로운 상상을 일으킨다. '설레다'와 '설레발'의 관계는 무얼까. 설사는 항문이 오열하는 것일까. 영어마을을 만들었던 것처럼 영어감옥을 만들면, 학부모들이 앞 다투어 자식들을 감옥에 보내지 않을까. 이런 생각에 잠겨 있다 보면, 굳이 문밖으로 나가지 않아도 인생이 지루하지 않다. 이처럼 지식과 정보가 자기들끼리 애정 행각을 하게 하려면, 일단 다독을 해야 한다. 다량의 정보와 자극에 노출되지 않으면서 풍부한 상상을 누리기는 어렵다.

다독을 한다는 것이 책을 대충 읽어도 된다는 말은 아니다. 프란츠 카프카는 독서가 마음속에 얼어붙어 있는 바다를 깨는 일이라고 했는데, 책을 대충 읽어서 얼음이 깨질 리가 있겠는가. 얼음을 가르려면, 정독을 해야 한다. 그런데 어느 책이 과연 제대로 날이 선 도끼란 말인가? 그것을 알려면, 일단 어느 정도 다독을 할 수밖에 없다. 공 점유율이 높아야 골도 넣는 법. 책을 이것저것 오래 점유하고 있어야 정신의 날 선

도끼를 발견할 수 있다.

다독도 해야 하고 정독도 해야 한다니, 그걸 언제 다해요? 이 짧은 인생에 책만 읽다가 죽으란 말인가요? 그럴 리가. 살면서는 책 읽기 말고도, 출근하기, 설거지하기, 음식물 쓰레기 버리기, 멍 때리기, 실없는 얘기 하기, 개소리 참고 들어주기, 가려운 데 긁기 등 다른 할 일들이 많다. 그 와중에 책을 정독하는 데 쓸 수 있는 시간은 많지 않다. 빠른 속도로 다독을 하여 정독의 대상을 찾아야 한다. 그리고 천천히 다시 읽는다. 아르헨티나의 소설가 보르헤스는 말했다. "가장 행복한 것은 책을 읽는 것이에요. 아, 책 읽기보다 훨씬 더 좋은 게 있어요. 읽은 책을 다시 읽는 것인데, 이미 읽었기 때문에 더 깊이 들어갈 수 있고, 더 풍요롭게 읽을 수 있습니다."

정독할 부분을 찾는 방법 중 하나는 자기만의 질문을 염두에 두고 책을 읽는 것이다. 그 질문에 답하는 문장들이 바로 정독할 부분들이다. 평소에 아무 질문도 하지 않고 살고 있으며, 질문에 답하는 문장을 찾아낼 감식안이 아예 없다면, 어떻게 해야 하는가. 그런 감식안을 갖춘 선생을 따라다니면서 읽는 법을 배워야 한다. 그런 선생이 있으라고 만든 곳이 학교다. 만약 자신의 학교에 그런 선생이 아무도 없다면, 그 학교를 떠나는 것이 좋다.

정독은 적어도 세 가지 종류의 훈련을 필요로 한다. 첫째, 그 책의 저자가 침묵하는 내용을 읽어낼 수 있어야 한다. 저자들은 대개 '관심종자'이고, 불치의 관심종자일수록 아무에게나 자기 이야기를 펼쳐놓지 않는다. 진짜 관심종자는 드러내기보다는 숨긴다. 알아들을 만한 사람만 알아들을 수 있도록. 모호하게 숨겨놓거나 은근히 암시만 해둔 진짜 메시지를 발견하기 위해서, 독자는 더 많은 관심을 책에 기울여야 한다. '나 잡아봐라' 놀이의 대가처럼, 저자는 자신을 따라오라고 유혹하며 독자의 적극적인 관심을 희구한다. 당신의 적극적인 해석 속에서 내 모호함을 분명함으로 바꿔주세요, 침묵을 발화로 바꾸어주세요, 라고.

둘째, 책 내용을 근저에서 뒷받침하고 있는 가정과 전제들을 재구성할 줄 알아야 한다. 모든 언명은 그 언명을 가능케 하는 전제가 있으며, 그 전제가 성립하지 않으면 그 언명이 담고 있는 주장도 성립하지 않는다. 전제를 명시적으로 드러내는 경우는 많지 않기에, 독자는 은연중 저자와 자신이 같은 전제를 공유하고 있다고 생각하기 쉽다. 그러나 다른 시대에 쓰인 책은 종종 다른 전제를 갖고 있는 법, 다른 문화권의 상식은 종종 자신의 상식과는 다른 법, 독특한 저자는 종종 독특한 전제를 가지고 있는 법.

셋째, 비판적 독해를 할 수 있어야 한다. 어느 한 주장만 접하면, 그 주장이 온통 타당한 것처럼 느껴지기 십상이다. 비판적 독해를 위해서는 같은 문제에 대해 경쟁하는 다른 주장들을 접해보아야 한다. 그래야 지금까지 진리처럼 느껴졌던 주장도 기껏 '일리' 있는 주장에 불과함을 알 수 있다. 경쟁하는 주장들까지 정성을 들여 전면에 드러내놓는 책은 많지 않기에, 독자는 경쟁하는 다른 주장들을 스스로 재구성해가며 읽어야 한다. 그래야 주장의 타당성을 제대로 판단할 수 있다.

이런 식으로 다독과 정독을 통해 훌륭한 독서인이 되었다고 가정해보자. 그렇다고 해서 꼭 좋은 일만 생기라는 법은 없다. 인생은 크고 작은 괴로움으로 가득한 법. 누군가 여전히 돈을 떼어먹을 것이고, 갑자기 화장실에서 미끄러질 것이며, 예고 없이 변기는 막힐 것이고, 출근길에 메뚜기 떼의 공습을 받을 것이다. 그리고 결정적으로, 눈 건강이 나빠질 것이다.

조선 후기에 책깨나 읽은 사람으로 알려진 유만주(兪晩柱)라는 독서인이 있었다. 그는 1784년 6월 12일 서울에 있는 이씨 성을 가진 의사를 찾아가서 조언을 구했다. "어떻게 해야 책을 계속 읽으면서도 눈이 침침하지 않고 밝게 볼 수 있겠습니까?" 의사가 네 가지 방법을 말해주었다. 그중 세 가지는 따뜻한 김을 눈에 쐬기, 붉은 가루약 넣기, 육식 덜하기인데, 오

Gerard Dou, Old Woman Reading a Book(1670-1675)

늘날 보기에 그 효과가 의심스럽다. 그러나 마지막 한 가지는 상당한 설득력이 있다. "책을 읽지 않기." 의사는 덧붙인다. "책을 즐겨보는 것은 눈을 해치는 주된 원인이에요." 엄청나게 무식하지만 아주 건강한 눈알을 가진 채로 늙어 죽고 싶은 사람은 책을 읽지 않는 게 좋다. 독서는 안구 건강에 좋지 않다.

하나의 전체로서 책에 대해 말하기
서평이란 무엇인가

책을 읽고 그 책에 관하여 쓰는 글은 다 광의의 서평이다. 서평의 기본적인 기능은 그 책에 대한 독자의 이해를 높여주는 것이다. 그것은 어떻게 가능한가?

먼저 책 내용에 대한 적절한 요약이 필요하다. 신간 소개의 성격을 띤 서평이라면 특히 그렇다. 오늘날처럼 전 세계에 책이 넘쳐나는 세상이라면, 책에 관련된 정보 요약과 큐레이팅이 필요하다. 서평은 그런 역할에 최적화된 장르다. 책을 소개하는 글이라면, 하나의 전체로서 그 책이 말하는 것이 무엇인지 요약할 수 있어야 한다. 물론 책 부분마다 흥미로운 포인트는 많다. 그러나 하나의 전체로서 그 책은 무엇을 말하고 있는가? 서평은 이 질문에 답할 수 있어야 한다. 물론 책이 그러한 답을 가능케 하는 통일성을 결여하고 있을 수도 있다. 그런 책을 굳이 소개할 필요가 있느냐는 회의가 들기는 하지만, 그때는 왜 그 책이 그런 상태에 이르고 말았는지를 보여주는 것도 좋은 내용 소개가 될 수 있다.

독자의 이해를 심화시키기 위해서는 기본적인 내용 요약을 넘어 맥락(context)을 부여해야 한다. 다양한 맥락이 있을 수 있다. 같은 주제를 다루는 여러 책들의 맥락 속에 서평 대상이 된 책을 위치시킬 수도 있고, 동시기에 나온 다른 책들과 함께 맥락을 구성할 수도 있고, 저자의 다른 책들과의 관련 속에서 신간을 논할 수도 있다. 어떤 맥락을 어떻게 구성하느냐에서 서평자의 역량이 상당히 드러난다. 학술 서적의 경우, 여러 책을 함께 다루는 서평을 통해 연구사 정리가 이루어지기도 한다.

깊이 있는 서평은 내용 소개에만 그치지 않는다. 본격적인 비평이 담긴다. 서평 대상이 된 책이 제공하는 정보 중에 잘못된 것을 바로잡을 수도 있고, 그 책이 담고 있는 주장들의 논리적 결함을 지적할 수도 있고, 그 책의 논의가 암묵적으로 기대고 있는 전제들을 문제 삼을 수도 있다. 물론 설득력 없는 비판을 늘어놓으면 서평자 자신의 얼굴에 검은 먹을 바를 뿐이다. 주례사 같은 서평도 문제지만, 근거 없는 비판으로만 일관한 서평도 문제다. 단순히 비판하는 데 그치지 않고, 창의적인 질문을 던져서 그 책의 새로운 면모를 조명할 수도 있다.

최악의 서평 중 하나는 서평을 단순히 자기 이야기의 발판으로 삼는 경우다. 물론 서평도 결국 자기 이야기를 담긴 담지만, 대상이 된 책을 섬세하고 충실하게 경유해야 한다는 장르의 규칙이 있다. 대상이 된 책 내용을 후다닥 요약한 뒤, 자기 이야기만 주절주절 늘어놓으려거든 다른 글의 형식을 취하는게 좋다.

심도 있는 서평을 쓰려면, 짧은 길이로는 내용을 다 담을수 없다. 그런 경우에는 편집자가 아예 작심하고 특정 책 서평에 충분한 지면을 할애하기도 한다. 그렇게 해서 해당 저널의 전면에 나오는 특집 서평(feature book review)은 대개 여느 서평보다 길다. 내가 받아본 특집 서평 중에는 1만 6000단어(영어)가 넘는 글도 있었다. 단 한 권의 책에 그 정도 길이의 서평을 쓴다는 것은 각 장마다 심도 있는 분석을 한다는 의미다.

지금까지 서평의 일반적인 특징에 대해 이야기해보았는데, 지금부터는 좀 더 협의의 서평에 대해서 생각해보고자 한다. 협의의 서평은 비슷해 보이는 주변 장르들과 구별된다.

서평은 독후감과 다르다. 책을 읽은 뒤에 자신이 '느끼는'

바를 쓰면, 그것은 그저 독후감이다. 무엇을 느끼든 그것은 그 사람 소관이다. 나는 그 책을 너무 지루하다고 느꼈지만, 저 사람은 재밌게 느꼈다면 어쩔 것인가. 각자의 인생을 살 뿐이다. 협의의 서평은 그러한 주관적인 영역을 무시하지는 않되, 넘어서는 데서부터 시작한다. 그리고 서평은, 다른 많은 장르의 글과 마찬가지로, 독백이 아니라 적극적인 커뮤니케이션을 목적으로 한다.

서평은 추천사와 다르다. 오늘날 추천사는 출판사에서 홍보 목적으로 의뢰하는 경우가 대부분이다. 저자보다 유명하거나 권위 있는 사람의 목소리를 빌려, 그 책에 합당한 주목을 얻으려는 데 추천사의 목적이 있다. 그러니 추천사는 잠재적인 독자가 해당 책을 읽고 싶게 만들어야 한다. 가장 쉬운 방법은 그 책을 칭찬하는 것이지만, 단순한 칭찬만으로 독자는 움직이지 않는다. 사실 너무 칭찬하면, 과장 광고에 속아온 소비자처럼 잠재적 독자는 방어적 자세를 보일 가능성이 크다. 추천사를 읽고 책을 사보았다가, 기껏 꿈보다 해몽이 좋네, 라는 소리를 할 수 있다.

서평은 출판 비평과는 다르다. 출판 비평은 출판계 전반의 현황과 흐름을 숙지하고 있는 사람이 아무래도 잘 쓸 공산이 크다. 마찬가지 이유에서 어떤 학술서의 가치를 평가하는 데는 출판 비평가가 적임자가 아닐 공산이 크다. 학술지에 실리는 서평의 저자와 독자는 일단 학자들이다. 해당 분야 전문가들을 독자로 상정하므로, 한정된 사람만 이해할 수 있는 용어를 마음껏 구사한다. 그곳은 합법적으로 엘리트주의(?)와 전문성을 추구하는 공간이다. 학술지에 실리는 서평의 문체는 논문의 문체와 대동소이하다. 전문가들 사이에 정확한 지식을 유통하고 축적하기 위해 발전시켜온 문체가 그곳에 있다. 원점에서 재출발하는 것에 병적인 집착이 있다면 모를까, 자기 학계의 서평과 피드백이 부족하다면, 스스로 활성화하거나 도망가야 한다. 학술 서평이 부족하면, 학적 담론이 누적적으로 발전하기 어렵고, 그런 학계가 제대로 발전할 리 없다.

논문의 문체를 잘 구사하는 학자들이라고 해서 모두 지식 대중이 이해하고 공감할 수 있는 문체를 구사할 수 있는 것은 아니다. 그리고 매력적인 문체를 가진 사람이라고 해서 학문적 전문성을 갖추었으리라는 보장도 없다. 학문적인 깊이와 매력적인 문체를 모두 추구하는 이들이 환호하는 서평 장르가 있다. 그러한 서평을 다루는 서평지로는 영어권의 경우, 〈런던 리뷰 오브 북스(London Review of Books)〉나 〈뉴욕 리뷰 오브 북스(New York Review of Books)〉 등이 있다. 늘 성공하는 것은 아니지만, 이 서평지들은 학문적 깊이와 매력적인 문체

Quint Buchholz, Man On a Ladder(1992)

를 겸비하여 지식층 전반에 호소할 수 있는 글을 싣고자 노력한다.

내용만 좋으면 됐지 문체가 무슨 소용이냐고? 자신의 글이 악보라고 생각한다면, 문체는 필요 없을지 모르지만, 자기 글이 연주라고 생각하면 문체가 필수적이다. 그리고 대부분의 음악 애호가들은 종이 악보보다는 멋지게 연주된 음악을 좋아한다. 학식과 비판과 문체가 어우러져 좋은 글이 쌓이면, 그 사회는 그야말로 문예 공화국의 면모를 갖게 될 것이다. 이런 종류의 서평은 이 세상에 대해 코멘트를 하기 좋은 형식이기도 하다. 사회에 대해 직접 비평하는 일과의 차이는 책을 매개로 비평을 수행하므로 메타(meta)적인 성격이 있다는 점이다. 메타적인 비평을 통해 사회 비평은 보다 입체적이 된다. 이런 문화를 자랑스러워하는 미국의 영화감독 마틴 스콜세이지는 〈뉴욕 리뷰 오브 북스〉의 역사와 영향력을 다룬 〈50년의 주장(The 50 Year Argument)〉이라는 다큐멘터리를 만들기도 했다.

어떤 책을 비평할 때 잊지 말아야 할 것은 비평의 독자가 꼭 그 비평 대상이 된 책의 저자만은 아니라는 사실이다. 그 책의 저자에게는 말조차 걸고 싶지 않아도, 광의의 독자에게 말을 건네기 위해서 서평을 쓸 수도 있다. 글로 적힌 것은 아마도 인류보다 오래 지속할 것이고, 운이 좋으면(혹은 나쁘면?)

아직 태어나지 않은 미래의 독자도 그 글을 읽을지 모른다. 모든 코멘트와 비평이 그렇듯이, 그 서평은 서평 대상이 된 책에 대해서 말해주는 것만큼이나 그 서평을 한 사람에 대해 무엇인가 의미심장한 것을 말해준다. 서평은 서평 대상이 된 책뿐 아니라 서평자 자신의 지력, 매력, 멍청함, 편견 등을 대대적으로 홍보할 좋은 기회다.

자기만의 인덱스를 만드는 것이 좋다
자료 정리

　중학교 때인지 고등학교 때인지, 정확히는 모르겠다. 어떤 억울한(?) 기억이 있다. 당시 심심하면, 놀이터에서 하릴없이 그네를 타는 깅엄체크의 미녀를 구경하거나 두꺼비 집 놀이를 하는 대신, 헌책방을 돌아다니곤 했었다. 종종 가던 헌책방이 친구가 살던 장위동의 대동극장 뒤에 있었다. 지금은 없어진 이 극장 이름이 잘 잊히지 않는 것은, 필시 처음으로 성인영화를 본 곳이라서 그런가 보다.

　당시 극장 시스템은 오늘날의 개봉관 시스템과 달랐다. 영화가 개봉관에서 상영이 끝나고 나면, 동시상영관이라는 소위 이류 극장이 화질이 나빠진 개봉 영화를 두 편씩 동시에 상영하곤 했다. 대동극장도 그러한 동시상영관이었는데, 〈매권〉이라는 무술영화(어느 인터뷰에선가, 류승완 감독이 이 싸구려 무술영화를 기억하더군. 절제 없는 외모를 가진 남자 배우가 나와서 쌍절곤을 열나게 돌리는 영화였다)와 이름이 기억나지 않는 한국 성인영화를 상영했었다. 그 한국 성인영화, 다른 건 기억 안 나고, 당시만 해도 아직 젊은 배우였던 원미경과 이영하가 노란 장판 위에서 뒹굴던 장면만 기억난다.

두꺼운 뿔테안경을 쓴 더벅머리의 중년 남자가 그 대동극장 뒤 헌책방의 주인이었는데, 대개 술에 좀 취해 있었다. 어느 날 들러보니, 옛날 한문책이 한 더미 널브러져 있었다. 엿장수가 놓고 갔는지, 책들이 대개 찢어지고 너덜너덜해서 거의 건질 수 있는 것이 없어 보였다. 이런 옛 책에 관심이 많던 나는 물었다. 이거 얼마예요? 주인장이 말했다. ×××만 내고 다 가져가라, 그냥. 도대체 ×××가 얼마였는지는 기억나지 않는다. 하지만 당시 중3이나 고1이었을 내가 지불하기에는 좀 부담스러운 액수였던 것으로 기억한다.

나는 이 중에서 한두 권 골라서 사면 싸게 해주겠거니 하는 생각에, 책더미를 헤치고 제법 멀쩡한 한문책 한 권을 찾아냈다. 아주 옛날 책은 아니고 19세기 중후반쯤 나왔을 법한 책인데, 찢어진 데 없이 멀쩡했다. "이것만 사려는데, 얼마면

돼요?" 술기운이 불쾌해 있던 그 중년 양반, 정신을 수습하고, 내가 골라 건넨 책을 물끄러미 보더니, "야, 너 이걸 골라냈구나. 이 한 권만 해도 아까 내가 내라고 한 돈 수십 배는 넘어." 그리고 그 양반은 내게 그 책을 팔지 않았다. 젠장. 책 제목은 기억나지 않는다. 흔한 사서삼경류는 아니었다.

그 이후에도 꾸준히 헌책방에 들렀고, 용돈을 모아 흥미로워 보이는 책을 사곤 했다. 이런저런 잡지류도 모았는데, 하나하나 모으다 보니 전권을 다 모았던 잡지도 있다. 〈뿌리 깊은 나무〉와 〈문학과 지성〉이 그것이다. 둘 다 영인본이 없어서 원본을 구해야만 했던 잡지들이었다. 책을 열심히 모아도 이사할 때가 되면 책들이 유실되는 상황이 발생했다. 가장 결정적으로, 유학을 떠나면서 상당량의 책을 버리거나, 주변 사람에게 나누어주어야만 했다. 그래서 그 시절에 모았던 책들 대부분은 지금 수중에 없다. 그때 이후로 책에 대한 물욕을 상당히 버렸다. 유학이라는 이름의 유랑 생활을 하다 보니, 어차피 차분하게 책을 모을 처지는 되지 못했다.

유학 간 학교의 동서양 고문서 수집 규모는 세계적으로 유명했다. 유학 초기에 잠시 도서관 한국 섹션의 고문서 정리를 도와준 적이 있다. 그것이 고마웠는지, 도서관의 높은 자리에 있는 분이 조용히 날 부르더니 한구석으로 데려갔다. "수고 많았어. 이건 어쩌다 보니, 도서관 카탈로그에 늘어가 있지 않은 상태로 그냥 남아 있는 옛날 책들이야. 혹시 가지고 싶은 책 없어?" 이게 웬 횡재냐. 눈에 불을 켜고 책들을 훑어보았으나 정말 귀한 책들은 이미 다른 사람들이 가져갔는지, 평범한 책들이 대부분이었다. 대개 19세기 말이나 20세기 초에 나온 중국 고전들의 화각본(和刻本)들이었다.

박사 학위를 받고 나서는 미국의 여자 대학에 취직했다. 남녀공학이 없거나 드물었던 때 여성들의 고등교육을 위해 세운 학교였다. 어느 날 학교 도서관 사서로부터 연락이 왔다. 이 학교 도서관에 옛날에 기증받고 정리되지 않은 상태로 방치되어 있는 동아시아의 고서 더미가 있단다. 한번 봐주지 않겠느냐는 거다. 가보니, 정말 제법 오래되고 흥미로운 책들이 쌓여 있었다. 19세기 후반에 아시아를 여행하며 《한국과 그 이웃 나라들》 같은 흥미로운 저작을 남긴 이사벨라 버드 비숍 (1831~1904)이라는 인물이 있었음을 우리는 알고 있다. 그런데 19세기 후반 서양에는 얼마나 많은 이사벨라 비숍이 있었던 것이냐. 이 책과 서화들을 모교에 기증한 할머니도 젊은 시절 중국, 일본, 한국을 돌아다니며, 세상 구경을 하고 고서화들을 모았던 것이다. 그리고 세월이 흐른 뒤, 그 할머니나 자손들은 〈TV쇼 진품명품〉 프로 같은 데 나가서 가격을 알아보거나 가

보로 물리는 대신, 학교에 연구 학습 자료로 써달라고 기증한 것이다. 아직도 이런 식으로 흩어져 있는 고서들이 세계 각지에 꽤 있을 것이다. 당시 나는 시간 나는 대로 적당한 해제들을 달아서 제대로 분류를 해보아야겠다고 마음먹었지만, 예상보다 일찍 귀국하게 되어 그 일을 채 끝내지 못했다.

이 일화가 보여주는 바는, 잘 정리되어 적절히 배치되지 않은 자료는 아직 묻힌 상태의 자료라는 사실이다. 간혹 귀중한 사료가 발견되었다는 언론 보도가 있을 때 보면, 해당 사료가 발견된 곳이 박물관이나 도서관 수장고인 경우가 종종 있다. 무엇인가 모아놓는 것으로는 충분하지 않다. 모은 것을 적절히 정리하지 않는 한 그 자료는 아직 완전히 '발견'된 것이 아닌 셈이다.

한 개인이 공부할 때도 자신이 필요로 하는 자료를 잘 정리해두고, 자기 나름의 데이터베이스를 구축하는 일이 중요하다. 어느 날 갑자기 책상 앞에 앉는다고 필요한 자료가 생기고 아이디어가 떠오르는 것이 아니다. 전적으로 분석적 방법에만 의존하는 분야라면 모를까, 대부분의 공부 분야에서는 늘 관련 자료를 모으는 자세, 그리고 필요할 때 언제든지 사용할 수 있게끔 정리해두는 습관이 필요하다. 이미 목록화되어 있고 인덱스로 정리되어 있는 자료의 경우에도 해당 자료를 효과적으로 사용하려면 자기만의 목록과 인덱스를 만들 필요가 있다. 심지어 한 권의 책을 읽을 때도 마찬가지다. 책 말미에 이미 제공된 인덱스가 있어도 실제 책을 읽어가며 자기만의 인덱스를 따로 만드는 것이 좋다.

이제 적지 않은 자료들이 물리적인 책이 아니라 파일의 형태로 존재한다. 지난 수십 년간 훌륭한 데이터베이스들이 인터넷상에 많이 구축되기도 했다. 기본적인 검색은 물론이고, 다양한 시각화를 가능하게 하는 디지털 연구법도 개발되었다. 그럼에도 여전히 물리적인 자료를 축적할 필요가 있으며, 모은 물리적인 자료를 간수할 공간이 필요하다. 책을 사야 한다는 것은 그것을 간수할 공간까지 사야 한다는 의미다. 자신이 모은 자료를 물리적으로 잘 정리해서 비치할 수 있다면, 마치 자신의 뇌를 바라보는 느낌이 들어서 효과적일 텐데, 그 정도 공간적 여유를 누릴 수 있는 사람은 많지 않다.

도대체 얼마나 많은 자료와 책을 모아야 하기에 그런 이야기를 하느냐고? 당장 필요하지 않다는 이유로 해당 자료의 구입이나 확보를 미루었다가 나중에 그 자료를 구할 수 없어 낭패를 본 사람들은 강박적으로 자료를 모으게 된다. 모은 자료가 늘어나다 보면(정말 괴물같이 늘어난다) 어떤 일이 일어나느냐? 같은 책을 또 사는 일이 생긴다. 한 번 더 사는 정도야 참

Quint Buchholz, Summer Wind(2013)

을 수 있다. 그러나 자료를 효과적으로 정리하지 못해서 같은 책을 세 번 구하는 지경에 이르면, 깊은 자괴감에 빠지게 된다. 그뿐이랴. 분명히 구해놓은 자료인데도 찾을 수 없을 때의 그 괴로움은 겪어본 사람만이 안다.

언젠가, 장서를 구경해야겠다고 작심하고 나의 선생님 댁에 놀러 간 적이 있다. 선생님 댁에는 특이한 독서 규칙이 하나 있다. 책을 보다가 화장실에 갈 때는 반드시 책을 들고 가야 한다. 왜냐고? 책을 놓고 갔다가 돌아오면 못 찾으니까.

공부란 무엇인가

골반이 삐뚤어졌어도 질문은 바로 해야

질문하는 법

    정리되지 않은 자료의 나열이나 장황한 묘사만으로는 훌륭한 연구가 될 수 없다. 방광에 아무리 액체가 가득해도 갈증 해소에 도움이 되지 않는 것처럼, 자료가 아무리 가득해도 엉뚱한 위치에 놓여 있다면 지적 호기심 해소에 도움이 되지 않는다. 어떻게 하면 집적된 자료에 제 위치를 찾아줄 수 있을까? 그 자료 연구가 답이라면 문제는 무엇인지를 물어야 한다. 연구 질문(research question)이 없는 연구는 조타수가 없는 선박과 같다. 이리저리 모은 자료나 상념의 망망대해를 하릴 없이 떠돌다가, 시야에 들어오는 아무 결론에나 정박한 연구를 반기는 사람들은 드물 것이다. 좋은 연구는 대개 좋은 연구 질문을 가지고 있기 마련이다.

　질문은 연구자뿐 아니라 독자에게도 필요하다. 주어진 정보를 수동적으로 취합하는 데 그친다면, 기억의 방광은 늘어날지 몰라도 지적 갈증은 해소되지 않는다. 지적 갈증을 해소하고 자신의 인식 지평을 확대하려면, 독자 역시 질문을 던져야 한다. 1차로 던져야 할 질문은 '이 연구 저작이 내게 혹은 이 민족에게 혹은 인류에게 무슨 쓸모가 있나'가 아니라 '이 저작이 연구 질문을 과연 제대로 던지고 답하는가'다. 그러기 위해서는 우선 해당 저작의 연구 질문이 무엇인지 찾아내야 한다.

　안타깝게도 세상에 돌아다니는 연구 저작이 모두 연구 질문을 가지고 있지는 않다. 자신을 맛없게 만들어 천적으로부터 자신을 보호하는 동물처럼, 어떤 흥미로운 질문도 가지고 있지 않아 무료하기 짝이 없는 연구들, 그리하여 독자들의 독서 의욕을 잃게 만들어 자신을 보호하려는 연구들이 적지 않게 있다. 그러나 독자는 일단 연구 질문이 있을 것이라고 가정하고, 노련한 발굴업자처럼 숨은 연구 질문을 찾아내야 한다. 해당 저작의 연구 질문을 찾아내지 못하면, 해당 저작을 저자의 의도보다는 성급하게 자신의 편의대로 읽게 되기 십상이다.

질문처럼 생겨먹기는 했지만, 제대로 된 연구 질문이 아닌 경우도 있다. 학문의 세계에서 말하는 연구 질문이란 연구를 통해 답할 수 있는 성격의 질문을 말한다. 예컨대, 특정 시대의 정책과 그 시대의 신념 체계의 관계 같은 것은 연구를 통해 규명할 만한 문제일 공산이 크다. 그러나 '누가 더러운 인절미를 사랑할 것인가?'와 같은 질문은 도대체 어떤 연구를 통해 답해야 하는지 모를 난감한 질문이다.

연구 질문이 반드시 질문의 형태로만 존재하는 것은 아니므로, 독자 스스로 해당 저작의 연구 질문을 재구성해보아야 할 때도 있다. 그러기 위해서는 역시 이 저작이 답이라면 문제가 무엇인지를 물어야 한다. 아무리 헤집어봐도 연구 질문이 없는 경우는 어떡하냐고? 연구 질문을 완전히 결여한 밀가루 반죽 같은 저작이라면, 왜 이 사람은 좋은 질문을 던질 의도 혹은 능력이 없는 것일까를 자신의 연구 질문으로 삼으며 읽어나가면 된다.

질문은 연구뿐 아니라 토론의 경우에도 필요하다. 논문 발표에 따르는 질의 토론 시간은 그러한 질문을 위한 장이다. 질의 토론 시간에 얼마나 좋은 질문이 제기되느냐가 해당 연구 모임의 수준을 보여준다. 좋은 질문을 던지기 위해서는 일단 질문을 완성된 문장으로 표현할 수 있어야 한다. 무책임한 사람일수록 대충 단어를 몇 개 던지고 상대가 알아서 이해해 주기를 기대하곤 한다. 그러한 행동은 자신이 구사해야 할 지성을 남에게 외주 주는 일이다. "이렇게 하면 논리가 좀……"이라고 말을 흐리지 말고 "이렇게 하면 논리적 비약이 생기게 됩니다"라고 완성된 문장을 만들어야 한다. 그래야 상대방의 반응을 보아가면서, 편의적으로 원래 질문을 왜곡하는 일을 피할 수 있다. "이렇게 하면 논리가 좀……."(상대방이 화를 낼 것 같은 낌새를 알아채고는) "……비약하지 않을 수 없는 가능성을 전혀 배제할 수 없다고 보는 견해도 존재하는 경우를 상상할 수 있을지도 모릅니다" 등등.

문장을 만들었다고 해서 곧 좋은 연구 질문이나 좋은 토론 질문이 되는 것은 아니다. 구글 번역기가 만든 것 같은 문장을 늘어놓아서는 안 된다. "이번 학회는 아름다운 지역에 있는 멋진 장소. 멋진 영양 발표, 점심 발표는 위대했습니다. 장소는 동시에 활기차고 조용합니다. 도시의 오아시스." 이래서는 무슨 말을 하는지 헤아리기 어렵다. 그런데 놀라운 것은 그러한 문장을 알아들은 양, 대답하는 경우도 있다는 것이다. "우리 함께 좋은 질문을 가졌습니다. 멋진 아이디어가 공중에 뜨는 것 같습니다. 당신은 무언가를 마실 수 있기를 바라며 앉습니다. 그러나 매우 뜨겁습니다. 지나치지 않고 떠나십시오. 희망

없는 놀랄 만한 장소, 큰 위치, 매우 맛있는 주장을 위해 거기에 갔다. 그리고 그것은 컸다! 매우 멋진 신세계." 적어도 학술의 장에서만큼은 골반이 삐뚤어졌어도 말은 바로 해야 한다.

말을 바로 한다고 해서 꼭 좋은 질문이 되는 것은 아니다. 질문을 한다고 해놓고 일장 연설을 하는 이들이 있기 때문이다. "우주를 보아야 네 연구가 먼지인 줄 알겠느냐"로 시작하여 사자성어로 끝나는 느닷없는 연설들. 이런 것들은 좋은 질문이 될 수 없다. 좁아터진 정신의 방광을 떠나려는 오줌처럼, 거세게 시작되어 용두사미로 끝나는 연설이 예리한 질문으로 연결되는 경우는 드물다. 일장 연설 끝에 기껏해야 "이 발표가 한국 사회에 주는 교훈이 뭔가요" 같은 나른한 질문을 제기하곤 한다.

그러한 정신적 노상 방뇨의 특징은, 상대의 관점과는 동떨어진 자신의 관점을 선포하는 데 열중한 나머지 발표자와 접점을 찾는 데는 소홀히 한다는 점이다. 현상의 정확한 기술(記述) 여부를 논하는 자리에서 느닷없이 규범적인(normative) 질문을 던지거나, 역사적 논의를 하기로 되어 있는 곳에서 발표자의 취지를 아랑곳하지 않고 맥락 없이 철학적 질문을 던진다면 생산적인 학술 논의가 이루어지기 어렵다. 발표자와 완전히 동떨어진 입지에서 질문이나 연설을 해보았자, 발표자가

골반이 삐뚤어졌어도 질문은 바로 해야

"아, 그러세요"라고 말하고 더 이상 대꾸하지 않으면 그만이다. 논의가 평행선을 달리지 않으려면, 상대의 논의 내부로 들어갈 필요가 있다. 예컨대, 발표 내용이 갖는 내적 모순을 지적하면 대개의 발표자는 진지하게 귀를 기울일 것이다.

상대방의 논의 내부로 깊숙이 들어가는 것이 바람직하다고 해서, 너무 세세한 문제에 집착하라는 말은 아니다. 너무 세세한 나머지, 대다수 청중은 관심을 갖지 않을 만한 사안을 집어내어 질문하는 것은 생산적이지 않다. 그런 질문은 전체 토론 활성화에 기여한다기보다는 잘난 척하는 '지적질'에 불과한 경우가 대부분이다. 그런 소소한 질문은 공식 질의응답 시간이 끝난 뒤에 개인적으로 물어도 족하다. 공식 질의응답 시간에는 가능한 한 다른 청중들도 관심을 가질 만한 문제를 제기하는 것이 좋다. 그러한 질문은, 상대의 주장이 경쟁하는 여러 주장 중의 하나임을 상기시키고, 논의의 지형 전체를 재고할 수 있게 해줄 것이다.

연구를 위해 질문을 던지는 일, 토론을 위해 질문을 던지는 일이 이토록 어렵다면, 아예 질문하기를 포기하고 수동적인 관전자로 남으려 할 수도 있다. 그러나 함께 모여 서로의 생각을 나누기로 한 토론의 장에서 그저 듣기만 하는 것은 무임승차자의 태도와 다를 바 없다. 지금 남들 앞에서 자신의 생

Quint Buchholz, Man, Reading a Book(1990)

각을 기꺼이 개진하고 있는 사람은 용기를 짜내어 간신히 연단 위에 서 있다는 사실을 상기할 필요가 있다. 소심한 발표자는 자신을 외줄타기 하는 광대로 느끼기도 하고, 정력에 별다른 효력이 없는 뱀술을 파는 약장수로 느끼기도 하고, 담론 전체를 무리하게 들어 올리려는 차력사로 느끼기도 한다. 어떤 경우든, 그들은 그 순간 상대의 관심을 갈구하는 외로운 존재들이다. 당신이 공들여 준비한 질문은 그들의 외로움과 민망함을 잠시나마 경감시켜줄 것이다. 자, 이제 당신이 질문할 차례다.

4부

공부의 심화

생각의 정교화

토론의 장은 다양성을 확보하기 위해 온갖 다른 의견을 긁어모아 취향의 박물관을 만드는 곳이 아니다. 토론의 목적은 다양성을 무한정 확보하는 것이라기보다는, 다양한 의견을 취합하여 좀 더 나은 지점으로 나아가는 것이다. 그러기 위해서는 좋아하는 것과 타당한 것을 구별할 수 있어야 한다.

논쟁의 여지가 있는 영역에 뛰어들어라

주제 설정

지금은 영화감독으로 더 유명한 미국의 배우 클린트 이스트우드는 젊은 시절 영화 〈더티 해리(Dirty Harry)〉 시리즈로 유명세를 떨쳤다. 영화의 주인공 형사 더티 해리는 여느 형사와는 달리 범죄자를 체포하는 데 과도한 폭력도 불사한다. 그는 특히 육중한 체구의 악당을 때려눕히기를 즐긴다. "나는 덩치가 큰 놈이 좋아. 쓰러질 때 큰 소리가 나거든." 잠시 후, 악당은 쿵 소리를 내며 땅바닥에 쓰러지고, 더티 해리는 쓰러진 거구를 내려다보며 충족감을 느낀다.

그러한 충족감을 느끼기 위해, 적지 않은 사람들이 감당하기 어려울 정도로 큰 주제를 상대해서 승부를 보려고 한다. 그들은 한국의 미래 혹은 인류의 미래를 전망하겠다는 식의 거대 담론에 매달리거나, 상식을 뒤집는 파격적인 주장을 하려 든다. 잘생긴 사람일수록 감기에 자주 걸린다는 것을 증명해보리라. 삼겹살을 많이 먹을수록 살이 빠진다는 사실을 증명해보리라. 너무도 당연하게 여겨졌던 상식을 뒤집어버렸을 때 오는 쾌감은 이기기 어려운 덩치 큰 상대를 때려눕혔을 때 오는 후련함과 통한다.

그러나 거대한 주장을 입증하거나 상식을 뒤엎는 일은 쉽지 않다. 당신이 상식을 뒤엎는다면, 일단 다르다는 이유 하나만으로도 박해를 받을 가능성이 크다. 저 친구는 왜 저렇게 튀는 거지? 상식을 신봉해오던 사람들은 자존심이 상한 나머지, 당신의 혁신적인 주장에 물타기를 하려 들지도 모른다. 음, 당신 주장은 새로워 보이지만, 크게 보자면 기존 주장과 다를 바 없어, 하늘 아래 새로운 게 있나, 운운. 세상의 많은 혁신적인 주장들이 그런 식으로 중성화 수술을 당해왔다. 그러나 당신이 확고한 증거를 들이대며 상식을 전복하는 데 성공한다면, 역사가 당신을 기억할 것이다. 천동설을 비판하고 지동설을 주장한 코페르니쿠스나 갈릴레오처럼.

혁신적인 주장은 엄밀한 증명을 특징으로 하는 과학의 영역에서만 가능한 것이 아니다. 셰익스피어의 〈리어 왕〉에 나오는 사생아 에드먼드는 사생아를 멸시하는 정실부인 자식들의 상식을 이렇게 뒤집어놓는다. "사생아가 비천하다고? 사생아는 자연스럽게 불타는 성욕을 만족시키다가 생겨난 존재이니, 지겹고 따분한 침대에서 의무 삼아 잉태된 정실 자식들보다는 낫지!" 오, 어쩐지 그럴듯하다.

그러나 누구나 코페르니쿠스나 갈릴레오나 셰익스피어가 될 수 있는 것은 아니다. 육중한 체구의 상식에게 어설프게 덤벼들었다가 오히려 흠씬 두들겨 맞기 십상이다. 상식은 생각보다 힘이 세다. 어떤 사람들은 어떤 것이 그저 익숙하기에 그것이 옳다고 생각한다. 당신이 경험적 지식과 논리적 훈련과 날렵한 상상력으로 단단히 무장하지 않은 한, 당신이 상식을 쓰러뜨리기 전에, 상식이 당신을 패대기칠 것이다.

그런 패배에 대한 공포에 압도되면, 과감한 도전을 피하고, 덩치가 왜소한 적수만 상대하려 들게 된다. "나는 덩치가 작은 놈이 좋아. 내가 이길 확률이 높거든." 그리하여 고릴라 대신 코알라를 격투기 상대로 고른다. 그러나 결과가 뻔한 이벤트는 흥미롭지 않다. 쌍권총이 한 자루인지 두 자루인지를 알아보겠다는 연구, 짜장면 한 그릇에는 정말 짜장면 한 그릇분의 탄수화물이 들어 있는지 알아보겠다는 연구가 과연 사람들의 관심을 끌 수 있을까? 혹은 연구할 가치가 있을까?

175

너무 뻔하여 논쟁의 여지가 없는 주장을 위해 구태여 논술문을 쓸 필요는 없다. 너무 거대하거나 비상식적이어서 입증될 리 없는 허황한 주장이나, 너무나 상식적이어서 새삼 천명할 가치가 없는 주장은 하지 않는 것이 좋다. 공부의 목적 중하나는, 논쟁의 여지가 있는(contestable) 영역에서 자신의 입장을 명확히 하고, 그 입장을 남에게 공적으로 설득하는 것이다. 그러면 어떤 것이 논쟁의 여지가 있는 주장인가?

한국 사람이 흔히 핫도그라고 부르는 음식은 콘도그(corn dog)다. 미국에서 핫도그라고 부르는 음식은 빵 사이에 소시지를 끼운 것으로, 마치 샌드위치와 비슷하게 생겼다. 바로 그 이유 때문에, 과연 핫도그가 샌드위치의 일종인지 아닌지에 대해 논쟁이 생겼다. 믿거나 말거나, 오랜 논쟁 끝에 미국 핫도그 소시지 협회(National Hot Dog and Sausage Council)는 핫도그가 샌드위치가 아니라는 공식 해석을 제출했다. 우리도 이제 야채 호빵이 호빵인지 만두인지를 두고 논쟁을 벌일 때가 되었다.

고래상어는 상어인가, 고래인가? 이름부터 헷갈리기 때문에 논쟁의 여지가 있다. 이름이 상어라는 단어로 끝나니까 고래상어도 당연히 상어일 거라고? 철갑상어도 이름이 상어로 끝나지만, 상어가 아니다. 전문가들은 고래상어를 상어로 간주하고 있으나, 고래상어는 가장 큰 덩치를 가진 어류 중 하나이므로 고래로 간주될 법도 하다. 또 상어치고는 이빨이 너무 작기 때문에 상어가 아니라고 생각될 수도 있다. 이처럼 고래상어에게는 논쟁의 여지가 있다.

그와 유사한 일이 티라노사우루스를 두고 실제로 벌어졌다. 14미터에 달하는 거대한 덩치, 민첩한 스피드, 그리고 어떤 상대든 씹어 돌릴 수 있는 강인한 이빨로 인해, 한때 지상 최강의 포식자였던 공룡 티라노사우루스. 그는 오랫동안 파충류에 가까운 동물로 간주되었다. 그러나 이것은 단지 인상이 더러워서 생긴 오해로 판명 나고 말았다. 성균관대 신소재공학부의 원병묵 교수는 티라노사우루스가 파충류보다는 조류와 가깝다는 사실을 입증해내고 말았던 것이다. 수학 모델을 사용해서 정교하게 자신의 주장을 증명한 원병묵 교수의 논문(영어 제목은 'Tyrannosaurs as long-lived species')은 〈사이언티픽 리포트〉에 실렸다. 설득력 있는 반론이 제기되지 않는 한, 티라노사우루스는 이제 조류의 조상쯤으로 이해될 것이다.

〈이웃집 토토로〉로 유명한 지브리 스튜디오의 만화영화 〈하울의 움직이는 성〉에는 실제로 움직이는 성(城)이 등장한다. 그 이후 네티즌들은 '하울의 움직이는 성'이 과연 부동산인가 동산인가를 두고 논쟁을 벌인 바 있다. 이것이 한갓 인터넷상

Quint Buchholz, The Library(1996)

의 소란에 불과하다고? 건축학과를 나온 일본의 예술가 사카구치 교헤는 우리나라 돈 약 30만 원 정도를 들여서 '움직이는 집'을 짓고, 그것이 새로운 국가라고 주장하며, 이리저리 끌고 다닌 적이 있다. 그런 식으로 사카구치 교헤는 국가가 물리적으로 움직일 리 없다고 믿고 있는 많은 이들의 상식에 도전했다.

피아노 뚜껑을 열고 속을 들여다보면, 건반의 움직임에 따라 해머가 현을 때리고 있는 것을 알 수 있다. 그렇다면 피아노는 현이 있다는 점에서 현악기인가, 아니면 해머로 줄을 때리고 있다는 점에서 타악기인가. 이 역시 논쟁적인 주제다. 그리하여 걸출한 러시아의 음악가 프로코피예프(Prokofiev)는 피아노를 타악기 취급한 적이 있다. 누군가 이러한 주제를 탐구하여, 악기의 분류 체계 자체를 반성하게 만들 수도 있다.

어디 악기의 분류 체계뿐이랴. 어느 대학이 좋은 대학이냐는 분류 역시 반성해볼 수 있다. 오늘날 소위 좋은 대학이란 대개 신입생들의 입학 성적이 좋은 대학을 의미한다. 그러나 그 신입생들의 성적에 해당 대학이 기여한 바는 전혀 없다. 진정으로 좋은 대학이란 성적이 가장 좋은 학생들을 받는 대학이 아니라 재학생들의 실력을 가장 많이 향상시킨 대학이 아닐까. 이런 식으로 좋은 대학을 재정의하고 나면, 이른바 대학의 랭킹이라는 것도 크게 바뀔지 모른다.

상식에서 벗어나지만 설득력 있는 주장을 해내는 사람은 섹시하다. 그런데 덩치가 큰 상식을 때려눕히고 새로운 주장을 설득력 있게 제기하려면, 축적된 경험적 지식, 논리적 분석력, 발랄한 상상력이 모두 필요하다. 그런 것들을 생략한 채 서둘러 섹시해지려고 하는 학인(學人)들이 빠지기 쉬운 함정이 점쟁이의 길이다. 그 함정에 빠지면, 딱히 증명하기 어려운 모호한 말들을 가지고 혹세무민을 일삼게 된다. 이를테면 이렇게 말하는 것이다. "좀처럼 혼란에서 벗어나지 못하는 한국 정치는 겉보기와는 달리 약한 구석이 있네요. 올해 국민들은 이러한 정치적 혼란을 정리해줄 새로운 정치인을 만나게 될 겁니다." 이런 발언은 학자보다는 점쟁이의 말을 닮았다. 불안을 이기지 못해 점집을 찾아온 당신에게 점쟁이는 이렇게 말할 것이다. "당신은 겉보기와는 달리 속에는 여린 면이 있네요." 헉! 어떻게 알았지? 점쟁이는 이어서 이렇게 말하는 거다. "올해 귀인을 만나게 될 겁니다." 반증(反證) 가능성이 없는 예언의 언어를 남발해온 학자들도 때로는 학술상을 받는다. 당신이 수행한 연구는 매우 '용하기에' 이 상장과 소정의 '복채'를 드립니다.

발화의 쾌감에 탐닉하기 전에 생각할 것들

청중과 독자

"진실을 알고 싶으십니까!" 누군가 지하철에서 고함치기 시작한다. 그러나 승객들은 애써 그 이야기를 듣지 않겠다는 눈치다. 사람들은 고함을 칠수록 귀를 닫고, 속삭일수록 귀를 기울이는 법. 청중이 듣건 말건 개의치 않고 자기 이야기를 기어이 하고야 마는 이는 상대를 경청하게 만드는 것보다 자신이 말하는 데서 얻는 쾌감을 더 사랑하는 것처럼 보인다.

자신의 이야기가 허공에 흩어지는 게 아니라 청중이나 독자의 마음에 가닿기를 염원한다면, 자신의 청중이 누구인지를 떠올리고 그 사람을 위해 말하고 써야 한다. 나의 청중이 궁금한 나머지, 나는 매 학기 첫 수업 시간이면 수강생 한 명 한 명에게 자기소개를 요청하고 수강 동기를 묻는다. 당신의 지적 관심은 무엇입니까. 필수과목도 아닌 이 수업을 구태여 수강하게 된 동기가 무엇입니까. 대답은 다양하다. 원래부터 정치사상에 관심이 있었어요, 친구들이 권해서요, 수업 시간대가 제 일정하고 맞아서요, 동양이 서양과 어떻게 다른지 알고 싶어서요 등등. 이 정도야 예상할 수 있는 답변이다. 그러나 이건 어떤가. "선생님이 정말 영화배우 전도연 씨와 닮았는지 알고 싶어서요." 응? 이건 또 어떤가. "예전에 짝사랑하던 남자 선배가 있었는데요, 고백을 해도 끝내 마음을 안 받아주더라고요. 그러다가 마지막에는 '김영민 선생님 수업이나 들어'라는 한마디를 남기고 떠나버렸어요. 지금 새로운 사람을 만나 연애를 잘하고 있기는 하지만, 김영민 선생님 수업을 들어야만 완전히 머릿속이 정리될 것 같아요. 그래서 이 수업을 수강 신청 했어요." 이건 뭐지? 역시 청중과 독자는 그 속을 끝내 알 수 없는 신비스러운 존재다.

수강생의 고민과 열망이 무엇인지 완전히는 알 수 없어도, 이들은 적어도 자발적으로 강의를 들으러 온 학생들이다. 이처럼 동기부여가 되어 있는 이들에게 말을 건네기는 상대적으로 쉽다. 이보다 어려운 상대는 무관심으로 중무장한 청중이다. 언젠가 외부 강의를 하러 모처에 가보니, 청중 일부는 강의를 시작하기도 전에 이미 졸고 있었다. 나는 낙담하지 않는다. 이미 졸고 있다면, 그건 내 책임이 아니다. 저들은 이미 졸고 있기에 나 때문에 새삼 졸 수는 없다. 따라서 내 강연은 실패하려야 실패할 수 없다. 나는 그들의 무관심에 오히려 크게 위로받았다. 부담을 떨치고 쾌활하게 강연에 임할 수 있었다. 그날 이후로, 나는 누군가 '이미' 졸고 있기를 내심 바라며 강단에 오른다.

이미 졸고 있는 이들보다 어려운 상대는, 적극적으로 경청하지 않겠다는 결기를 가진 청중, 혹은 매의 눈으로 글을 읽어 기어이 흠집을 잡아내고야 말겠다는 앙심을 품은 독자다. 참석을 안 했으면 안 했지, 굳이 참석해놓고 적극적으로 경청하지 않으려 드는 청중이 있겠느냐고? 있다. 언젠가 모 대학 채플에 강연을 하러 가게 되자, 비슷한 미션 스쿨을 졸업한 학생이 넌지시 귀띔을 해주었다. 신자가 아닌데도 졸업을 위해 의무적으로 채플에 참석한 학생들은, 자존심 때문에라도 결코 강연에 귀를 기울이지 않는다고. 반강제로 그 자리에 끌려와 있다는 생각에, 경청하면 자존심이 상한다고 여긴다고. 그래서 설혹 솔깃한 이야기가 귀에 들려도 결코 경청하고 있다는 내색은 하지 않는다고.

다행히 동기부여가 잘되어 있는 청중을 만난다고 해도 난

관은 남아 있다. 아이돌 팬 미팅이 아닌 한, 청중 대부분은 강연자로부터 멀찌감치 떨어져 앉으려 드는 것이다. 학생들만 그러는 것이 아니다. 교수들도 다를 바 없다. 단과대 교수회의가 있는 날이면 맨 앞자리 몇 줄은 텅 비어 있기 일쑤다. 언젠가 법조인 연수에 초청을 받아 강연을 한 적이 있는데, 놀라워라, 이들은 앞뒤를 가리지 않고 골고루 착석하는 게 아닌가. 아, 법조인은 역시 다른가, 라고 감탄하는 나에게 앞자리에 앉은 청중이 일러주었다. 이 법조인 연수는 지정석 제도를 택하고 있다고. 앞에 앉기 싫어도 앞에 앉아야 한다고.

왜 청중은 강연을 들으러 왔으면서도 강연자로부터 애써 거리를 두려는 것일까? 텅 빈 앞자리는 혹시 안전거리를 의미하는 게 아닐까? 강연자로부터 무엇인가 받을 용의는 있되, 결코 상처는 받지 않겠다는 고뇌의 산물이 아닐까? 혹은 여차하면 자리를 박차고 나가기 위한 전략적 위치 선정이 아닐까? 자신만의 고독한 공간을 확보하고 시작하는 독서와는 달리, 청중은 강연자의 가시권 안에 들어와 있으므로, 자신을 보호하고자 한층 더 몸을 사리는 경향이 있다. 보호라니? 강연자가 화살이라도 쏜단 말인가.

상당수의 독자나 청중들은 자신이 듣고 싶어 했던 내용이나 자신이 지지하는 내용이나 자신이 평소 신봉했던 원칙을 강연자나 저자로부터 재확인하고 싶어 한다. 그렇지 않고 지나치게 생경한 것, 생경한 나머지 자신의 믿음을 훼손하는 것, 혹은 자신이 이해하기에 지나치게 어려운 아이디어를 만나면 상처받는다. 심지어 그 새로운 아이디어가 자신의 기득권을 침해라도 할 것 같으면, 청중은 말한 사람을 박해하려 들지도 모른다. 그 때문에 발화자는 박해를 피하기 위해서 자신의 불온한 아이디어를 교묘히 숨기기도 한다. 그러나 위험을 무릅쓰고 자신의 아이디어를 청중이나 독자의 마음에 가닿게 하려는 사람은, 독자와 청중이 가진 관습의 빈틈을 노려야 한다. 당대의 관습에 무지하면, 당대의 익숙한 언어 게임에 익숙하지 않으면, 자신의 아이디어를 청중에게 이해시키기 어려운 것은 물론, 자신이 가진 불온한 아이디어를 매복시키기도 어렵다. 불온한 생각을 어디엔가 지뢰처럼 숨겨놓기 위해서라도 당대의 관습과 기대를 숙지하고 있을 필요가 있다.

그리하여 강연자는 단지 자신의 머릿속에 든 것을 내뱉는데 그치지 말고, 자신의 강연이 끝났을 때, 강연장을 떠나는 이들 머리에 무엇이 들어 있기를 바라는지 스스로에게 물어야 한다. 저자 역시 독자가 책을 덮었을 때, 독자 머리에 무엇이 들어 있기를 바라는지 스스로에게 물어야 한다. 자신의 목소리가 독백에 그치기를 원하지 않는다면, 발화의 쾌감에 탐

Albert Anker, Reading Devotions to Grandfather(1893)

닉하기 전에 청중에 대해 생각해야 한다. 그들의 기대가 무엇인지, 그들의 배경 지식이 무엇인지, 그들의 동기는 무엇인지, 그들의 상상력을 정초하고 있는 관습은 무엇인지, 그들이 강연장을 떠날 때 혹은 책을 덮을 때, 그들의 머리와 심장에 무엇이 남아 있기를 자신이 원하는지.

이것이 곧 청중의 기대와 예상에 자신의 언설을 맞추거나 독자에게 아부해야 한다는 말은 아니다. 청중과 독자는 결국 자기 식대로 이해한다. 자신의 말과 글이 어떻게 이해될지를 완전히 통제할 수 있는 발화자나 저자는 없다. 다만 기억할 것은 청중과 독자의 반응은 원래의 말과 글에 대해서 만큼이나 혹은 그보다 더, 독자나 청중에 대해 많은 것을 말해준다는 사실이다. 마치 '악플'이든 '선플'이든 원래 글에 대해서라기보다는 그 '리플'을 단 사람에 대해서 많은 것을 말해주는 것처럼.

당장의 시공간에서 베풀어져야 하는 말과는 달리 글은 목전의 청중에 목매지 않아도 된다. 현재의 독자가 아니라 미래의 독자를 위해 글을 쓸 수도 있다. 저자가 상상의 독자에게 말을 거는 한, 저자는 단지 발화의 쾌감에 탐닉하고 있는 것은 아니다. 그는 언젠가 도래할 자신의 청중을 위해 말하고 있는 것이다. 그러나 자신의 글이 미래에 더 이상 읽히지 않기를 염

원하는 경우도 있다. 이를테면 한용운의 〈님의 침묵〉은 더 이상 읽히지 않기 위해서 존재했다. "나는 나의 시를 독자의 자손에게까지 읽히고 싶은 마음은 없습니다. 그때에는 나의 시를 읽는 것이 늦은 봄의 꽃수풀에 앉아서, 마른 국화를 비벼서 코에 대는 것과 같을는지 모르겠습니다." 어떤 글이 깊은 슬픔이나 어두운 진실을 담고 있을 때는 글쓴이가 결코 진실을 알고 싶냐고 고함치지 않는다. 어떤 메시지는 삼가 말하기 (understatement)를 통해서만 비로소 전달된다.

계획대로 되지 않는 것이 계획의 특징이지만

연구 계획서 쓰는 법

결혼식을 올리기 전에 '프러포즈(propose)'를 하듯이, 기획자들은 '프로포절(proposal)'이라는 글을 쓴다. 이를테면 연구자라는 이름의 기획자들도 자신이 어떻게 연구를 하여 어떠한 논문을 쓰겠다는 계획을 표명하고, 독자에게 그에 대한 동의나 공감을 구한다. 분야마다 다른 관습과 기대가 있기에, 프로포절 쓰기의 철칙을 제시하기는 어렵다. 그 대신, 프로포절을 작성하면서 염두에 둘 만한 몇 가지를 떠올려본다.

프로포절이 계획서라고 해서, 계획을 통해 결국 완성한 결과물보다 더 느슨하거나 미숙한 글이어서는 안 된다. 계획서는 계획서 나름대로 갖추어야 할 완결성이 있다. 계획이 미숙

할지언정, 계획서가 미숙해서는 안 된다. 따라서 누가 프로포 절을 읽고서, "이건 대충 쓴 계획서에 불과하잖아!"라고 비판할 수는 있다. 그러나 누가 프로포절을 일러 "이건 계획서에 불과하잖아!" 비판한다면, 걱정하지 않아도 된다. 프로포절은 계획서에 불과하고, 그는 미친 사람에 불과하니까.

프로포절이 완결성을 갖추어야 한다고 해서, 향후 반드시 거기에 담긴 계획대로 작업을 해야만 하는 것은 아니다. 실제로 프로젝트를 수행하다 보면, 여러 예상하지 못했던 상황들을 만나게 되고, 그 과정에서 계획의 수정은 불가피하다. 프로 포절을 쓰는 일은 난폭한 죄수에게 구속복(拘束服)을 입히는 일이 아니라 작업에 방향타를 부여하는 일이다. 방향이 맞으면 그럭저럭 목적지에 도달할 수 있지만, 방향이 틀리면 시간이 갈수록 목적지로부터 멀어질 뿐이다.

작업의 방향을 점검하려면, 작업이 일단 있어야 한다. 인생의 방향을 점검하려면, 일단 인생이라는 것이 있어야 하듯이. 즉 프로포절은 완전한 무(無)의 상태에서 미래의 계획을 꿈꾸는 일이 아니다. 프로포절이란 일정 정도 작업이 진행되어야 제대로 쓸 수 있는 글이며, 그간의 작업이 제대로 진행되었는지 알기 위해서 쓰는 글이기도 하다. 결혼을 위한 프러포즈도 그렇지 않던가. 관계가 무인 상태에서 프러포즈를 할 수는 없다. 아직 태어나지도 않은 사람에게 프러포즈를 해서는 안 된다. 관계가 성숙되어, 미래를 함께하자는 암묵적인 기대가 있는 경우에 통상 프러포즈는 이루어진다. 암묵적인 기대가 있다고 해서, 준비를 소홀히 했다가는 프러포즈가 오히려 관계를 망칠 수도 있다. 프러포즈를 할 때, 양복을 입는 게 좋을지 개량 한복을 입는 게 좋을지 정도는 미리 파악하는 게 좋다.

연구의 예를 들어보자. 상대를 파악한다는 것은, 연구가 진공 속의 행위가 아니라 관련 연구자 집단과의 관계 속에서 이루어지는 일이라는 뜻이다. 언론에서 천재라고 불렀던 어떤 젊은 연구자는 국민이 준 박사 학위에 감사한다고 말한 적이 있는데, 학위는 '국민'이 주는 것이 아니다. 연구를 평가할 수 있는 역량은 동료 연구자에게 있기에, 연구자는 동료 연구자를 일차적으로 의식해야지 '국민'을 먼저 의식해서는 안 된다. 이것이 곧 동료 연구자에게 아부해야 한다는 말은 아니다. 프로포절에 대해 기대할 수 있는 가장 좋은 반응은, 이 연구가 수행되고 나면 이 분야가 더 이상 예전과 같지 않으리라는 생각을 관련 연구자들이 갖는 것이다.

그런 생각을 불러일으키려면, 이른바 선행 연구에 대한 검토가 필요하다. 스스로를 대가라고 착각하는 이들이 종종 '어느 날 문득 나는 이것에 착목(着目)했다, 그래서 연구한다'는 식의 태도를 보이곤 하는데, 제도화된 연구 활동은 산속에서 고독하게 도를 닦는 일과는 다르다. 도인이 보기에는 동료 학자들의 연구보다는, 해가 뜨고 지는 일이 더 흥미로울 수 있다. 그러나 제도화된 학계에서 프로포절을 쓸 때는, 관련된 기존 학술 담론과 자신의 연구 프로젝트의 관계를 명료히 해야 한다. 이것이 꼭 자신의 프로젝트가 기존 학술 담론 '내'에 있어야 한다는 것을 의미하는 것은 아니다. 경우에 따라 자신의 프로젝트가 기존 학술 담론 전체를 전복하는 것일 수도 있다. 그런 경우에조차 자신의 프로젝트가 기존 학술 담론과 '관계'가 없지는 않다. '전복'도 관계의 한 양상이다.

기존 프로젝트들과 자신의 프로젝트의 관계를 명료하게 하려면, 해당 분야의 현황에 대해 나름의 이해와 정리가 필요하다. 그 정리 속에서 자연스럽게 자기 프로젝트의 위상을 도출하게 된다. 분야의 현황을 정리할 때, 잡다한 나열은 금물이다. 요령 있는 정리를 위해 거론 대상을 선별하고, 거기에 일정한 스토리를 부여해야 한다. 잡다한 나열을 피한다는 명분으로 외국어로 된 관련 사례들을 배제해서는 안 된다. 어떤 분야든, 다양한 외국어로 된 사례들을 검토할 역량이 부족하다는 것은 결코 자랑이 아니다.

해당 분야의 현황에 스토리를 부여하기 위해서는 자신의 시각이 있어야 하는데, 이는 대개 자신이 취할 방법론이나 자료의 성격과 관련이 있다. 이것은 기존 논의를 넘어서기 위해 의도적으로 다른 방법론이나 자료를 취할 경우, 특히 중요하다. 방법론에 대한 논의는 연구사에 대한 논의와 일정 정도 겹칠 수는 있지만, 방법론의 검토와 현황의 검토가 반드시 같지는 않다. 과학화된 방법론에 거부감을 가진 이들은, "나는 어느 날 문득 여기에 착목했으며, 나의 방법론은 정신 집중이다!"라고 주장할지 모른다. 결혼 프러포즈를 할 때나, 연구 프로포절을 쓸 때나 정신 집중은 중요하지만, 정신 집중이 방법의 전부는 아니다. 도대체 어느 방향으로 어떻게 정신을 집중할 것인가? 이 질문에 답하려면 어떤 식으로든 방법론에 대한 구체적인 논의가 불가피하다. 방법에 대한 자의식이 없으면, 시각이 자유로워지기보다는 그저 관습적인 방법에 의존하게 될 가능성이 높다. 방법론에 대한 논의가 결여된 분야는 대개 활력이 사라진 분야다.

분야의 현황을 정리하다 보면, 자신의 프로젝트가 기존 논의에 어떤 새로운 공헌을 할 것인가, 라는 질문에 봉착하게 된다. 새로운 자료를 통해 다른 경로를 거쳐 같은 결론에 이를 수도 있고(그리하여 기존 결론을 보강할 수도 있고), 같은 자료를 통해 다른 결론에 이를 수도 있고, 새로운 자료를 통해 다른 결론에 이를 수도 있다. 그리고 이미 알려진 결론이지만, 보다 풍요로운 기술(記述)에 도달할 수도 있으며, 새로운 예를 추가할 수도 있다. 각 경우마다 공헌이 실현되는 방식은 다를 수 있다. 해당 분야의 현황을 조망하는 것 자체가 글의 목적인 경우를 제외한다면, 새로운 프로젝트는 단순히 기존 논의를 요약 정리하는 작업에 그쳐서는 안 된다.

사람들은 추진되는 프로젝트들이 결국 이 사회에 공헌하기를 희망한다. 그런데 연구의 경우, 그 공헌이라는 것은 흔히 말하는 '기대 효과'와는 다르다. 연구자는 대개 연구가 불러일으킬 사회적 효능에 대해 충분히 알 수 없고, 관련된 사회적 파장을 통제할 수도 없다. "《동의보감(東醫寶鑑)》에 따르면, 한국 사회에 대한 이 연구를 성공적으로 수행할 경우, 이 사회의 기갈이 멈추고, 국민들의 피부가 매끈해지며, 청소년의 분노가 사그라들고, 애완동물의 소화 기능이 강화될 것입니다." 누군가 이렇게 말한다면, 연구자라기보다는 사기꾼일 가능성이 높다.

기대 효과를 묘사적으로 서술하는 것보다는, 자신의 연구가 답이라면 문제는 무엇인지를 명시하는 것이 좋다. 문제는 시대에 따라 달라져왔다. 중세에는 몇 명의 천사가 손가락 위

Antonello da Messina, The Annunciation(c.1473-1474)

에서 춤출 수 있는가와 같은 것이 연구 질문이 되었던 적도 있다. 어떤 시대 어느 사회에서는 여자가 담배를 피워도 되는가와 같은 것이 토론의 주제가 되었을 수도 있다. 그러나 더 이상은 아니다. 이런 점을 보면, 연구자가 던져야 할 전문적인 질문도 해당 시대의 흐름과 전적으로 무관한 것은 아니다.

자신이 던진 연구 질문에 답하기 위하여 실제 연구를 진행하다 보면, 원래 예상했던 곳과 상당히 다른 곳에 도착할 수 있다. 세상에 계획대로 되는 일은 없다. 이 우주는 냉혹하다. 계획대로 되지 않는 것이 계획의 특징이라는 것을 받아들여야 한다. 통제하기 어려운 우연(fortuna)과 의연히 맞서는 데에 기획자의 위엄이 있다. 도박사에게 위엄이 있듯이, 예측 불가능한 미래를 향해 자신의 인생을 던지는 위엄이 기획자에게도 있다.

아, 그리고 한번 더 강조하자면, 적절한 제목을 붙이는 것은 생각보다 중요하다. 충분한 정보력을 가지되, 독자의 관심에 호소할 만한 수사가 더해지면 금상첨화다. 그러나 오해를 야기해서는 안 된다. 앞서 말했듯이, 심각한 영화를 찍기로 유명한 크쥐시토프 키에슬로프스키 감독의 작품 중에 〈베로니카의 이중생활〉이라는 진지하고 사색적인 영화가 있다. 이 영

화가 한국에 개봉했을 당시, 제목만 보고 대단히 야한 영화인
줄 알고 중년 관객들이 극장에 몰려갔다가 크게 낙담했다는
후문이 있다.

계획대로 되지 않는 것이 계획의 특징이지만

욕망을 충분히 아는 자, 그럴수록 절제하라

문체에 관하여

드디어 결혼식 주례는 되도록 맡지 않기로 결심했다. 무엇보다 나처럼 일상에 서툰 사람이 후생들을 공적으로 축복하는 자리에 선다는 것은 아무래도 주제넘은 일이다. 그뿐 아니다. 결혼식 주례를 하려면 평소에 잘 입지 않던 양복을 꺼내 입어야 하고, 그런 준비를 하려면 일찍 일어나야 한다. 이는 잠을 무엇보다 소중히 여기는 내 생활철학에 어긋난다. 그래도 주례를 부탁한 이들의 뜻이 고마워서, 잠을 설쳐가며 준비를 마치고 식장으로 가면, 또 다른 어려움이 기다리고 있다. 하객들이 나를 신랑으로 혼동하는 일이 벌어지는 것이다. 한두 번도 아니고 매번 나는 신랑이 아니라 주례라고 손사래 치는 일, 상당히 피곤하다. 나를 신부로 혼동하는 경우는 아직 없었다는 것이 그나마 위안이 되어줄 뿐이다. 마침내 예식이 마무리되고 나면 또 하나의 역경이 기다리고 있다. 다들 사진 찍기 바빠서, 조금 전까지만 해도 예식에서 중요한 역할을 맡았던 주례는 애매하게 내팽개쳐지는 것이다. 도대체 어디 가서 운신을 하고 있어야 할지 마땅치 않은 나머지, 서둘러 예식장을 빠져 나오곤 한다.

이러한 많은 어려움들은 주례사 쓰기의 어려움에 비하면 아무것도 아니다. 주례사 쓰기가 어려운 이유는, 일단 식장의 청중들이 너무 다양하여 도대체 누구에게 초점을 맞추어야 할지 알기 어렵다는 데 있다. 나이, 학력, 성별, 출신 지역, 인생관, 교육 배경, 혈압, 혈당, 성질머리 등 어느 한구석도 동질성을 찾기 어려운 사람들이 신랑 신부를 축하한다는 명분 하에 그 자리에 모여 있는 것이다. 신랑 신부에게 해야 할 덕담이라는 것은 어차피 정해져 있는 것. 그것을 어떤 스타일에, 어떤 문체에 담아 전달할 것인가. 전근대 시기라면 장중한 예식의 문체를 사용할 것이고, 종교 집회당이라면 종교적 언어를 구사할 텐데, 현대 한국의 예식이란 예식장 건물만큼이나 족보 없는 것이어서, 거기에 맞는 문체를 처음부터 발명해야 하는 난제에 마주하게 된다. 극히 다양하고 불균질한 청중을

욕망을 충분히 아는 자, 그럴수록 절제하라

대상으로 해서, 진부한 주제를 가지고, 그러나 관심을 기울일 만한 이야기를 어떻게 할 수 있단 말인가.

잘 해보고자 하는 의욕이 앞설 경우, 매우 장식적이고 화려한 문체나 어투를 구사하려 들게 된다. "인간이 평생 가장 자주 느끼는 결핍감, 그것은 바로 외로움이죠. 그 외로움을 달래기 위해서 신랑 신부는 지금 예식장에 섰습니다."그런 식으로 장중하게 주례사를 읽다 보면, 청중이 이렇게 항의할지 모른다. "인간이 평생 가장 자주 느끼는 결핍감은 외로움이 아니라 허기죠. 빨리 끝내고 밥 먹읍시다!" 그러면 이제 주례는 할 수 없이 마무리해야 한다. "너 참 이상하구나! 함께 가자, 우리의 위장이여!""오, 찬란한 메뉴들이여, 우리 다이어트의 방해자들이여! 내 말은 반드시 이루어질 것인즉, 열한 번째 빈 접시가 테이블을 떠날 때까지도 피로연 식사의 끝은 보이지 않으리라!"

사실, 문체란 어떠한 말이나 글에서든 나타난다. 문체는 대단히 문학적인 작품에서나 찾아볼 수 있는 것이 아니다. 음(音)이 세 번 정도 연속되면 멜로디를 이야기할 수 있듯이, 문장이 일정 정도 연속되면 문체라고 부를 만한 것이 어느 글에서든 나타나기 시작한다. 심지어 부부싸움의 언어에도 독특한 문체라는 것이 있다. 어떤 부부는 육두문자를 써가면서 상대

공부란 무엇인가

를 힐난하겠지만, 또 다른 부부는 좀 더 장중한 문체를 구사할 수도 있다. "너로 인해서 내 인생에 어떤 좋은 일도 일어나지 않았어!" "너와 함께한 이후에 난 더 이상 내가 아니야!" 한술 더 떠서 〈욥기〉의 한 구절을 인용할 수도 있다. "언제까지나 살 것도 아닌데 제발 좀 내버려두십시오. 나의 나날은 한낱 입김일 따름입니다." 부부싸움 언어가 그럴진대, 보다 공적인 언명이야 말할 것도 없다. 우리는 북한의 외교적 성명이 특유한 문체를 가지고 있음을 잘 알고 있다. "미국의 늙다리 미치광이를 반드시, 반드시 불로 다스릴 것" 등등. 신화적인 서술이야 더 말할 것도 없다. 똑같은 단군신화라고 해도 다음과 같이 서술하면 사뭇 다른 메시지를 전달하게 될 것이다. "웅녀에게 사랑을 느낀 환웅의 눈빛은 이미 천상의 것이 아니었다. 환웅에게 사랑을 느낀 웅녀의 눈빛은 이미 곰의 것이 아니었다."

그렇다면 논문이나 논술문에서는 문체가 중요하지 않다는 항간의 견해에는 문제가 있다. 논문 혹은 논술문에도 문체는 있다. 논술문은 비록 논리, 계발적인 성찰, 경험적 증거 등을 통해서 자기주장을 개진하는 글이지만, 그 글이 궁극적으로 타인의 설득을 목표로 하는 한 호소력의 문제를 도외시할 수는 없다. 그나마 다행인 점은 결혼식장 청중보다는 균질한 독자를 상정한다는 것이다.

욕망을 충분히 아는 자, 그럴수록 절제하라

논술문의 1차 목표는 유의하여 비문(非文)을 최소화하는 것이다. 논술문의 기본이라고 할 만한 이러한 사안에서 오류가 반복되면, 논술문 전체에 대해 신뢰가 떨어지게 된다. 부실하게 쌓아 올린 가건물에는 들어가 보고 싶지도 않은 것이 인지상정이다. 하나의 문장에서조차 주어-술어 관계가 호응하지 않거나, 주어나 목적어 같은 문장 요소가 이유 없이 불명확하거나 하면, 그 논술문이 전달하고자 하는 주장 자체에 대해 독자는 기대를 접게 된다. 비문을 쓰지 않기 위한 가장 좋은 방법은 물론, 유능한 편집자에게 보여주고 교정을 받는 것이다. 그러나 편집자의 도움을 얻기 전에는 어떤 점에 유의해야 할까?

일단 유의할 점은, 좋은 문체를 보여준답시고 과한 표현을 남발하지 않는 일이다. 냉정한 분석이 이루어져야 할 국면에서 정서적 오지랖이 질질 흐르는 표현을 처발라서는 안 된다. 주장의 논리와 명료함이 논술문의 주된 승부처라고 할 때, 그런 표현은 독자가 논지에 집중하는 것을 오히려 방해할 뿐이다. 이를테면, 인간의 소화기관을 설명하는 학자가 배고픔 혹은 허기에 대해 서술할 때는 '배고프다', '허기진다'와 같은 간명한 표현이면 족하다. 배고픔이라는 생리 현상을 서술하면서 '인간이 평생 가장 자주 느끼는 결핍감, 그것은 바로 허기'와 같이 멋을 잔뜩 부린 표현을 구사할 필요는 없다.

그렇다고 그저 건조하게 문법에 맞게만 쓰는 게 능사일까. 사실, 화려하지는 않아도 비문과 오타 없이 문법에 맞게만 글을 써주어도 감지덕지할 일이다. 그것만 갖추어져도 글을 읽다가 인생에 대한 회의를 느끼지 않을 수 있다. 또 하나의 목표는, 가능한 한 해상도가 높은 문장을 쓰는 것이다. 논문에서는, '양자가 조화롭게 섞인다'와 같은 표현보다는 '양립 가능하다(compatible)'와 같은 표현이 대개 해상도가 높다. 표현의 해상도를 알아보는 방법 중에는, 머릿속에서 그 표현을 여러 가지 외국어로 시험 삼아 번역해보는 것도 있다.

문법적으로 문제가 없고 해상도도 높은 문장으로 이루어져 있다면, 그 논술문은 이미 충분히 좋은 문체를 가진 것이 아닐까. 그러나 인간의 욕심은 끝이 없다. 커피를 마신다는 것이 단지 카페인을 흡입하는 것 이상의 것이듯이, 글을 읽는다는 것은 그에 담긴 주장을 흡입하는 것 이상의 심미적 체험이다. 물론 글의 심미성을 위해서는 일단 기본기가 되어 있는 문장이 필요하다. 카페의 인테리어가 멋지고 바리스타가 잘생겼다고 해도 불량 원두를 사용한 커피 맛이 좋을 수는 없듯이.

논술문의 심미성을 높인답시고 미쳐나갈 것 같은 기발한 혹은 화려한 표현에 집착해서는 안 된다. 욕망이 부재해서가

Antonello da Messina, St. Jerome in His Study(c.1474–1475)

아니라 존재하는 욕망을 적절히 통제하고 있는 데서 느껴지는 에너지. 화려한 수사를 구사할 능력이 없어서 간신히 써낸 건조한 문장이 아니라 충분히 화려한 수사를 구사할 수 있는 데도 논술문이라는 성격 때문에 자제하며 써낸 문장이 발산하는 매력이라는 것이 있다. 미칠 능력이 없어서 그저 건전한 생활을 영위하고 있는 사람이나, 미치는 게 속 편해서 늘 미친 상태에 있는 사람은 다가갈 수 없는, 얼마든지 미칠 수 있는데도 미치지 않고 생활하는 이의 존재감이라는 것이 있다. 수사학적으로 얼마든지 미쳐나갈 수 있는 이가 애써 담담한 문장을 쓸 때의 포스는, 욕망을 충분히 아는 이의 절제가 빚어내는 치명적인 분위기와 닮았다.

논문이라는 형식이 끝내 자기 생각을 담는 데 방해가 된다고 생각하는 사람은 아예 논문이라는 형식을 떠나기도 한다. 사실 학술적인 논의를 엄격한 논문 속에서만 해야 한다는 영구불변의 철칙 같은 것은 없다. 멋진 문체를 구사한 것으로 유명한 사상가 이사야 벌린(Isaiah Berlin)은 평생 논문보다는 에세이 쓰기를 선호했다. 그 누구보다 현실의 불가피한 모순과 역동성에 주목했던 벌린에게 논문이라는 형식은 달갑지 않은 것이었는지도 모른다. 물론 그는 정년 보장을 받기에 급급해 논문을 양산해야 하는 21세기 대학교수가 아니었고, 멋진 문장을 실험할 만한 문예 전통 속에서 살아갈 수 있는 행운을 누린 사람이었다.

멍청한 주장에 대해 멍청한 비판을 하지 않기 위해서
비판의 덕성

어떤 주제에 대해 자신이 처음 연구하는 경우는 드물다. 대개 누군가 그 주제 혹은 그와 유관한 주제에 대해 이미 연구한 적이 있다. 기존 연구가 충분히 만족스럽다면, 새삼 연구할 필요는 없을 것이다. 따라서 누군가 새삼 그 주제를 연구한다면, 그는 기존 연구를 수정 혹은 보완하려 하기 마련이다. 따라서 새로운 연구는 '비판적'이다. 학술 논문에 종종 포함되는 연구사 검토는 그러한 비판을 위한 장이다. 특별한 이유 없이 연구사 검토를 생략하는 논문은 숙제를 하지 않은 것이다.

비판은 글뿐 아니라 말에도 필요하다. 누군가의 구두 발표가 완전무결하다면, 그에 대해 찬사를 연발하며 폭죽을 터뜨리면 된다. 그러나 완전무결한 발표는 현실에 거의 존재하지 않기에, 비판적 논의가 필요하다. 심각한 문제가 없는 경우에도 미래의 연구를 위해 제언을 하거나, 폭넓은 함의를 함께 음미해볼 수 있다. 논문 발표에 따르는 질의 토론 시간은 그러한 비판적 검토를 위한 장이다. 질의 토론 시간이 없거나 소략한 발표회는 진지한 토론의 장이라기보다는 쇼나 사교의 장에 가깝다.

진지한 비판과 토론이 없을 경우, 학술의 장(場)이 타락하는 것은 시간문제다. 원로를 존경한다는 미명하에, 다양한 의견을 받아들인다는 미명하에, 동료의 사기를 진작한다는 미명하에, 학술적 엄격성 자체를 훼손하는 '덕담'들을 다 받아줄 경우, 해당 학술의 장이 결국 도달할 곳은 뻔하다. 세상 어딘가에는 덕담으로 일관하다가 망해버린 학계가 있을 것이다. 시시한 덕담을 하느니 차라리 침묵을 지킨다고 해서 책임으로부터 면제되는 것은 아니다. 학술 토론의 장에서 느닷없이 영세중립국 선언을 하는 이들이 있는데, 그 중립이 어떤 지성을 드러내는 신중함(prudence)이라면 모를까, 그저 중립을 선언하는 것은 무관심 혹은 무지성의 선언과 다를 바 없다. 중립을 선언하는 것 말고는 아무런 판단도 하지 않는다면, 그는 중립을 선언했다기보다 지성의 영세 중지를 선언한 것이다.

비판이 필요하다고 해서 막말을 비판으로 혼동해서는 안 된다. 상대가 밉상이면, 그의 주장뿐만 아니라 숨 쉬는 모양새까지 비판하고 싶을지 모른다. 상대가 얄밉다는 이유 하나로 인신공격을 일삼거나, 달을 향해 짖는 개처럼 게걸스럽게 비난을 쏟아내고 싶을지 모른다. 그러나 공격적인(aggressive) 논평과 예리한(sharp) 논평은 다르다. 예리한 비판을 제기해야 할 순간에 불필요한 공격성을 드러내면, 그것은 미성숙의 표지일 뿐이다. 비분강개할 장소는 따로 있다. 맛없는 디저트를 파는 카페랄지, 마스킹을 하지 않는 극장이랄지. 학술적 토론의 장에서 감정의 표출은 그다지 쓸모가 없다. 자기 기분이 상했다는 것과 상대 주장이 틀렸다는 것은 전혀 다른 사안이다.

사정이 이러할진대, 활력 있는 학술의 장을 유지하려면 비판을 하는 사람이나 비판을 받는 사람 모두 일정한 덕성이 필요하다.

비판을 받는 사람의 경우 어떤 덕성이 필요할까? 일단 정당한 비판을 감내할 수 있는 정신력이 필요하다. 비판을 받을 것이 두려운 나머지 자신과 '한 패거리'로 모든 토론자를 채우거나 하는 것은 용렬한 짓이다. 제대로 된 비판이라면, 그것은 자신을 경멸하는 것이 아니라 자신을 존중하는 마음의 표현임을 잊지 말아야 한다. 발음이 약간 비슷하다는 이유로 당

멍청한 주장에 대해 멍청한 비판을 하지 않기 위해서

신이 '막스' 베버와 카를 '막스(마르크스)'의 주장을 혼동한달
지, '오스트'리아와 '오스트'레일리아를 혼동한다면, 사람들은
당신을 비판하지 않고 조용히 그 자리를 뜰 것이다. 그 침묵이
어찌 당신에 대한 존중이겠는가. 상대를 무시하는 가장 흔한
방법은 져주거나 침묵하는 것이다. 상대를 존중하는 사람만이
비판한다.

　물론 비판을 감내하는 일이 쉬운 일은 아니다. 비판을 접
하면 기분이 좋지 않은 것이 인지상정이다. 기분이 좋지 않은
나머지 그 비판을 수용하려 들지 않을 수도 있다. 어떤 주장에
대한 비판과 그 주장을 한 사람에 대한 비판은 분석적으로 구
별되는 것이지만, 양자를 구분하기 어려운 경우도 있다. 그래
서 상대의 정당한 비판을 자신에 대한 인신공격으로 혼동할
수도 있다. 상대방이 자신을 좋아하지 않는다는 점이 느껴진
나머지, 화장실에 들어가 울고 싶을 수도 있다. 비판을 수용하
면 자신이 손해를 본다고 착각할 수도 있다. 그래서 억지를 부
려서라도 반론에 나서고자 하는 욕망에 휩싸일 수도 있다. 아,
저 비판을 뜨거운 기름에 튀겨버리고 싶다! 아, 저 비판에 대
해 법적 대응을 하고 싶다! 손해배상 청구를 하고 싶다! 그러
나 자신의 주장 자체보다도 주장에 대한 비판에 대처하는 자
세야말로 자신이 용렬한지 그렇지 않은지를 만천하에 드러낼

기회다. 결함으로 인해 삶이 아름다워지는 것은 그 결함을 인정할 때뿐이다.

비판을 하는 사람은 어떤 덕성이 필요한가.

첫째, 상대 주장의 약점보다는 강점과 마주하여 비판적인 논의를 해야 한다. 상대의 핵심 주장에 강점이 있음에도 상대가 보인 약점에 탐닉한 나머지 그것을 상대의 '본질'이라고 간주해서는 안 된다. 하수들일수록 상대의 하찮은 약점에 탐닉한다. 형사물에서 시체가 등장하면, 그 시체를 둘러싼 드라마에 집중해야지, 시체 역을 하는 배우가 얼마나 꼼짝 않고 있는지만 집요하게 살필 필요는 없는 것이다. 아무런 강점도 없는 경우는 어떡하냐고? 완벽하게 못생긴 사람이 없듯이, 완벽하게 오류로만 점철된 주장은 드물다. 기를 쓰고 상대 주장의 강점을 찾아내서 언급할 필요가 있다. 그러지 않으면, 단점을 찾아내 즐기는 페티시(fetish)가 있다고 오해받을 수 있다. 상대의 주장에서 강점을 영 찾을 수 없으면, 이토록 형편없는 주장을 공개적으로 발표하는 용기 자체를 칭찬하면 된다.

둘째, 비판을 불필요하게 길게 할 필요는 없다. 특히 자신의 평소 입장에 대해 일장 연설을 늘어놓는 것은 금물이다. 주인공은 당신의 비판이 아니라 상대의 발표다. 특히 시간이 한정된 발표회장에서는 간명하게 말하는 것이 좋다. "당신의 발

211

Juan Gris, Open Book(1925)

표는 길고 생각은 짧습니다"랄지. 그러나 비판을 간명하게 한 답시고 가능한 대안을 생략해서는 안 된다. 벤저민 프랭클린은 "비판이나 비난, 불평만 하는 것은 어떤 바보라도 할 수 있고, 대다수의 바보들이 그렇게 한다"고 말한 적이 있다. 즉 가능하다면 건설적인 제언이나 대안을 제시해주는 것이 좋다. 동시에 상대방의 주장에 문제가 있다고 해서 자신의 대안이 곧 타당한 것은 아니라는 점을 명심해야 한다. 멍청한 주장에 대해 더 멍청한 비판을 할 수도 있는 것이다. 상대의 주장을 검토할 때 보이는 엄격성을 자신의 주장에 대해서도 유지하는 것이 좋다.

셋째, 불필요하게 공격적인 언사를 남발해서는 안 된다. 작업에 대한 평가와 작업자에 대한 평가를 가능한 한 구분한다. 그래야 비로소 상대도 건설적인 비판과 인신공격을 구분할 수 있게 된다. 상대의 주장이 틀렸다고 해서, 상대를 꼭 쓰레기라고 공개적으로 부를 필요는 없다. 잔인한 것은 이 우주만으로도 충분하다. 중국 쓰촨성 루구호 주변에 사는 모소족 사람들은, 상대가 싫으면, "너는 나에게 이 나뭇잎처럼 가볍다"는 뜻으로 손바닥 위에 나뭇잎을 올려놓는다고 한다. 이제부터 논문 발표장에서 이루 말할 수 없이 형편없는 논문이 발표되면, 그에 대해 폭언을 퍼붓는 대신, 손바닥 위에 나뭇잎을 올려놓는 거다. 나뭇잎이 없다면 무말랭이라도 올려놓는 거다.

끝으로, 자신의 주장이나 비판이 제대로 이해받지 못했다고 해서, 크게 상심할 필요는 없다. 활자화된 주장은 똑똑함이나 멍청함을 대대로 홍보하는 최고의 수단이니, 언젠가는 자신의 똑똑함이나 멍청함을 제대로 이해해줄 사람이 나타날 것이다. 그날이 올 때까지 김선재의 시 〈여기가 아닌 어딘가〉를 읽는다.

"단수와 만난 단수는 복수가 된다/단수와 헤어진 단수는 여전히 단수다/그러니 아무것도 잃은 것은 없다/구름과 어제가 지나갔을 뿐."

자기 견해를 갖는다는 것의 의미

토론의 기술

지성(知性)에 기반한 토론은 쉽지 않다. 상대적으로 나은 답을 찾겠다는 목표를 가지고 아무 말과 헛소리를 자제해가면서, 증거와 논리에 기반해 타인과 의견 교환을 하고, 그를 통해 진일보한 지점에 도달하는 일이 쉬울 리 없다. 특히 토론하는 법을 읽혀야 할 시기에 입시를 위한 암기에 몰두해온 이들을 토론의 세계로 인도하기란 쉬운 일이 아니다. 지성에 기반한 토론을 실천하기 위해서는 어떻게 해야 하나?

먼저, 자기 견해를 가진 사람이 되어야 한다. 토론이란 다른 견해를 가진 사람들이 만나서 하는 것. 견해가 없으면 토론이 아예 시작될 수도 없다. 꼭 견해를 가져야 하느냐고? 자기는 만사가 귀찮은 사람이라고? 견해와 같이 귀찮은 물건은 가지기 싫어하는 사람이라고? 과연 그럴까? 삶에 의지가 있는 인간들은 대개 자기 인생에 대해 변명하기를 원한다. 자기합리화에 몰두한다. 어떤 종류의 합리화도 거부하는, 〈다크 나이트〉의 악당 조커와 같은 인물은 현실에 거의 없다.

그런데 자기합리화는 생각보다 쉽지 않다. 개인의 취향을 넘어서야 하기 때문이다. "그 사람이 한 달에 한 번도 안 씻지만 나는 그가 좋아"라고 말하는 것과 "그 사람이 한 달에 한 번도 안 씻지만 청결한 사람이야"라고 말하는 것은 다르다. 불결한 사람을 좋아할 수는 있다. 그러나 불결한 사람을 청결하다고 공적으로 주장하면, 많은 이들이 분노할 것이다. 못생긴 사람을 좋아할 수는 있지만, 못생긴 사람을 미남이라고 주장하면 사람들이 화를 내는 것처럼.

토론의 장은 다양성을 확보하기 위해 온갖 다른 의견을 긁어모아 취향의 박물관을 만드는 곳이 아니다. 토론의 목적은 다양성을 무한정 확보하는 것이라기보다는, 다양한 의견을 취합하여 좀 더 나은 지점으로 나아가는 것이다. 그러기 위해서는 좋아하는 것과 타당한 것을 구별할 수 있어야 한다. 개소리도 의견이니 애지중지해달라고? 모든 견해가 똑같은 정도로 타당하다고? 그건 암세포도 생명이라고 애지중지해달라는 것과 같다.

따라서 토론은 위로를 목적으로 한 대화와는 다르다. 위로를 위한 대화는 따로 있다.

"요즘 계속 머리가 아픈데 어떡하지?"

"계속 그렇게 아프면, 병원에 가봐야지?"

"병원에 가봤다가 큰 병이면 어떡하지?"

학술적 토론의 장에서라면, 이와 같은 대화는 비논리적일 것이다. 병원에 갔다고 해서 작은 병이 큰 병으로 바뀌는 것은 아니니까. 아픈 게 걱정이라면 병원에 가는 것이 타당할 뿐, 저와 같은 반문은 불필요하다. 그러나 일상적 위로의 장이라면, 저 대화는 충분히 이해할 만한 것이다. 마찬가지로, 일상적 위로의 장에서라면 상대의 취향을 인정해주어도 나쁠 것이 없다.

그러나 토론에서는 취향을 넘어선 공적(公的)인 견해가 필요하다. 김소연 시인은 언젠가, "저는 언젠가 수정하더라도 항상 견해를 가지려고 노력합니다"라고 한 적이 있는데, 그런 태도가 토론 참여자에게 필요하다. 취향을 넘어선 자기합리화가 일정 정도 타당성을 얻어, 마침내 상대를 설득하고자 할 때 비로소 견해라는 것이 확립되기 시작한다. 즉 견해를 갖는다는 것은, 곧 어느 정도 상대에게 비판적이 된다는 것이다. 비판적이려면 속칭 황희 정승 되기를 포기해야 한다. "삼단논법에 비추어 볼 때 이건 말이 안 됩니다"라고 이견을 제시하면, 속칭 황희 정승은 이렇게 말할 것이다. "당신은 왜 매사에 그토록 부정적입니까." 속칭 황희 정승은 오직 비판적인 사람에 대해서만 비판적이다. 견해를 갖지 않으면 맞지도 않겠지만, 틀리지도 않는다는 점에서 발전의 여지가 없다.

비판적인 자기 견해를 가져야 한다는 것이 곧 자기중심적이되어야 한다는 말은 아니다. 다음과 같은 대화를 생각해보자.

> A: 당신 생각에, 한국 역사상 가장 뛰어난 철학자는 누구입니까?
> B: 이순신 장군이죠.
> A: 이순신 장군은 철학자가 아니잖아요. 장군이었잖아요?
> B: 한국 역사상 가장 뛰어난 장군이 누구냐고 물어봤어야지!

여기서 B의 문제는 세상이 자기 위주로 돌아가야 한다고 믿는다는 점이다. 그런 사람은 자신이 가진 전제를 상대도 당연히 가지고 있을 것이라고 너무 쉽게 전제하므로, 토론에 적합한 이가 아니다. 세상이 자기 위주로 돌아간다고 생각한 나머지, 외국 상점에 가서도 다짜고짜 자국 화폐를 들이밀 사람이다. 누군가 전철에서 휴대전화 볼륨을 높이고 BTS의 음악을 감상할 때, 옆자리 승객이 "다른 사람에게 방해되지 않게 이어폰을 사용하라"고 했다고 치자. 그 사람이 "아니, 한국 사람치고 BTS 싫어하는 사람이 어디 있어!"라고 화를 낸다면, 그는 자기 생각을 한국 사람 일반의 생각으로 치환하고 있는 것이다. 한 개인에 불과한 자신의 취향을 타인에게 강요하기가 버겁자, 한국 사람의 공통된 특징이라는 단계를 거쳐서 상대에게 자신의 취향을 강요하고 있는 것이다. 그러나 옆자리에 앉은 한국인 승객의 이견(異見) 자체가 바로 그의 전제를 무너뜨리고 있다.

증거와 논리를 통해 마침내 자신의 취향을 공적 주장으로 만들어서 상대에게 개진했다고 치자. 1년에 한 번 일어날까 말까 한 기적적인 일이 실제 일어났다고 치자. 그랬다고 해서 상대가 꼭 자신의 주장을 받아들이는 것은 아니다. 자신의 주장이 틀렸다는 생각이 들면 일단 자존심이 상하기 때문에, 많은 이들이 어지간하면 이견을 곧이곧대로 받아들이려 하지 않는다. 기본적인 정보마저 왜곡해가며 자신의 주장을 강변한다. 토론을 통한 설득이란, 상대가 상당히 유연하고 개방적인

蘇漢臣, 長春百子圖(12세기)

사람일 경우에나 가능하다. 돼지 저금통처럼 꽉 막힌 사람을 상대로 재차 설명을 시작하는 것은 못 알아들은 농담을 부연하는 것만큼이나 지겨운 일이다. 특히 토론을 진지한 논의를 위한 장이라기보다는 일종의 친교 시간으로 간주하는 모임이라면, 누군가 비판적으로 나오는 게 기분 나쁠 것이다. 당황스러울 것이다. 빨리 끝내고 술자리에 가서 객쩍은 농담도 나누고, 색소폰도 불어젖히면서 친교의 시간을 가져야 되는데, 이게 뭐람.

설득이 이토록 어려운 일이라면, 지성에 기반한 토론을 아예 포기해야 할까? 그저 덕담이나 주고받으며, 알아들을 듯 말 듯한 '돌려 까기'나 시전하고 말아야 할까? 그도 아니라면, 상대의 자존심을 다치지 않게 토닥토닥 다독거려야 하나? 우쭈쭈 달래야 하나? 자신이 소위 모성애나 부성애가 콸콸 넘치는 사람이라면, 그래도 된다. 그렇지 않은 보통 사람이라면, 상대가 받아들이건 말건, 일단 정확히 상대 논의의 문제점을 지적해야 한다. 그것이 상대를 존중하는 길이다. 이것이 막말을 하거나 감정을 섞어 상대를 꾸짖으라는 말은 아니다. 하얗게 벼려진 예리한 논지는 무례하지 않게 상대 논의의 살을 베고, 붉은 칼이 되어 나올 것이다. 토론 상대는 자존심 때문에 막무가내로 버티더라도 그 토론을 관찰하고 있는 후학(後學)

중에는 그 칼이 어디로 들어가 어디를 베고 어디로 나왔는지를 눈여겨보는 이가 있을 것이다. 그것을 보았기에, 그들은 어쩌면 미래에 좀 더 나은 토론을 해낼지 모른다.

토론을 통해 자신의 견해가 잘못되었다는 것을 깨닫긴 했으나 자존심 때문에 끝내 그 사실을 공적으로 인정하기 싫은 사람은 어떻게 해야 하나? 사실, 모르는 걸 모른다고 하면, 틀린 것을 틀렸다고 인정하면, 그 나름의 쾌감이 느껴지기 마련. 그러나 그 쾌감을 기꺼이 향유할 수 있을 정도로 성숙한 사람은 많지 않다. 자신이 성숙하지 못한 범용한 사람이라고 해서 "반박할 수는 없지만, 기분이 좋지는 않네요"라고 토론장에서 소리 내어 말해서는 안 된다. '날 감히 무시하지 말라'는 식의 자기변명이나 도착적인 인정 욕구로 범벅이 된 말더듬이를 휘둘러서는 안 된다. 그보다는 차라리 조용히 미친 척을 하는 것이 좋다. 자신의 논문을 잘게 찢어 염소처럼 먹든지……. 상대가 미친 사람이라고 생각하면, 토론자는 갑자기 너그러워지기 시작한다.

게으른 사회자가 토론을 망친다
사회의 기술

농구를 잘하기 위해서는 어떻게 해야 하나. 공격과 수비만 잘하면 된다. 토론을 잘하기 위해서는 어떻게 해야 하나. 듣기와 말하기만 잘하면 된다. 언제 말을 조리 있게 해야 하는지, 그리고 또 언제 상대의 말을 경청해야 하는지를 잘 아는 이들이 행하는 토론. 상상만 해도 즐겁다. 그러나 그건 이상적인 상황이고, 현실의 토론은 대개 혼란의 도가니다. 그래서 사회자가 필요하다.

사회자라고 다 같은 사회자가 아니다. 게을러터진 사회자는 토론자를 소개한 뒤 거의 아무 일도 하지 않는다. 간혹 졸기까지 한다. 사회자가 아무 역할을 하지 않아도 토론이 그럭저럭 굴러가는 경우가 있을 수도 있다. 그러나 그 경우에도 사회자의 무위(無爲) '때문에' 토론이 잘 굴러가는 것인지, 사회자의 무위에도 '불구하고' 잘 굴러가는 것인지는 따져보아야 한다. 사회자가 아무 일 하지 않아도 토론이 잘 굴러가는 것은, 해당 토론자들이 탁월한 토론 능력을 가지고 있기 때문이다.

토론자들이 돌아가며 한마디씩 하게 하고서 자기 일을 다 했다고 생각하는 사회자도 있다. 그 역시 게으르기는 마찬가지다. 그런 방식은 토론자들에게 고르게 발언 기회가 돌아간다는 장점이 있지만, 토론자들과 관전자들이 토론의 동학을 제대로 느낄 수 없다는 단점이 있다. 흥미로운 질문이나 화제에 의해 논의가 촉발되고 풍부한 논쟁과 굴곡과 조정을 거쳐서 간혹 우연의 여신이 주는 축복까지 받아가며, 특정 결론에 도달하는 과정을 체험하는 것이야말로 토론의 백미다. 그런 과정을 생략하고 기계적으로 돌아가며 한마디씩 던지는 것만으로는 좋은 토론이 되기 어렵다.

사회자가 게으르지 말아야 할 이유는 또 있다. 상식이 무시된 나머지 토론장이 난장판이 되는 경우가 있기 때문이다. 말하고 있는 상대를 모욕하기 위해, 실내에서 갑자기 선글라스를 꺼내 쓴 사람 이야기를 들은 적이 있다. 이제 상대의 말을 듣지 않겠다는 표시로 소음을 차단하는 노이즈 캔슬링 헤드폰을 꺼내 쓰는 사람이 나타날지도 모른다. 전혀 귀엽지 않은 중년의 사내가 과도하게 귀여운 표현을 사용하여 상대의 구토감을 유발하는 경우는 또 어떤가. 김영'민'이라는 중년 남성이 자기 스스로를 삼인칭으로 불러가며 토론에 임한다고 상상해보라. "민의 궁금증은 여기서 시작한답니다.""민은 다음과 같은 생각을 소중히 여긴답니다.""민은 이런 결론에 이르게 되고 말았답니다." 이런 표현이 거듭되면, 청중은 울부짖으며 광야로 뛰쳐나갈지도 모른다.

　누군가 한 사람이 너무 오래 일방적으로 말해서 토론이 망하는 경우도 있다. 말하는 것 자체에 중독된 나머지, 영원토록 말하는 능력을 가지게 된 사람들이 있기 때문이다. 그들이 말을 하지 않는 때는, 말하기 위한 에너지를 보충할 때뿐, 그 외의 시간에는 대체로 말을 하고 있다. 사회자는 이들에게 영겁의 시간을 부여해서는 안 된다. 노래를 길게 한다고 좋은 가수가 아니고, 양이 많다고 맛있는 음식이 아니듯, 길게 말한다고 해서 좋은 의견이 되는 것은 아니다. 맛없음을 상쇄하기 위해 양을 많이 주는 식당이 있듯이, 자기 의견의 빈곤함을 감추기 위해 길게 이야기하는 사람이 있을 수 있다. 문제는 이런 사람일수록 사회자가 개입하면 자기 말을 끊지 말라고 화를 내는 경향이 있다는 것이다.

말 많은 사람은 상대가 호응해주기를 바라며 말을 이어가겠지만, 내키지도 않는데 실없이 동의해주고 싶은 청자는 드물 것이다. 이때 필요한 것은 마음속으로 말하는 능력인지 모른다. 누군가 어린 시절에 익힌 웅변술을 시전해가며 상대에게 말할 틈을 주지 않고 장광설을 펼칠 때는 그에 맞서 대꾸하기보다는 조용히 마음속으로 분노를 삭이는 것이다. '어쩌라고?', '토론장 밖에 놓인 과자나 까 잡숴' 등등. 이렇게라도 하지 않으면 자칫 토론에 필수적인 평정심과 예의를 잃을 수도 있다.

토론의 예의에 어긋나는 대표적인 예는, 연장자랍시고 반말을 해대는 것이다. 공적인 토론장에서 반말을 찍찍해대는 사람은 내심 '나 같은 윗사람이 말씀하시니 너 같은 아랫사람은 이 말씀을 잘 받들어라'라고 생각하는 것 같다. 평등을 기치로 내세운 현대사회에서 이런 반말지거리가 그러한 기대 효과를 불러올 리는 만무하다. 인간은 자기중심적인 경향이 있어서 원래 상대방의 생각에 귀 기울이기 어려운 법인데, 상대가 반말을 통해 자기 의견을 강요하려 들면, 반발심이 생겨 더 귀를 기울이지 않게 된다. 귀를 기울이지 않게 되면, 연장자는 '어린놈이 어딜'이라는 생각을 할지 모르고, 그 꼴이 고까운 연소자는 '나잇값도 못 하는 인간이……'라는 생각을 하게 되기 십상이다. 토론장에서는 상호 존대를 해야 한다.

무례한 경우는 반말지거리뿐만이 아니다. 느닷없이 묻는 거다. "아침 먹었어요?" 토론 주제와 상관없는 질문을 받은 상대는 어리둥절해하며 일단 반응을 한다. "네, 먹었는데요." 그때를 놓칠세라 속사포처럼 퍼붓는다. "이따위 형편없는 의견을 가지고 있으면서 아침밥이 목구멍으로 넘어갑디까!" 이런 물음은 어떤가. "이 책 읽어봤나?" "아뇨, 아직." "이 책도 아직 안 읽었으면서 숨은 어떻게 쉬고 다니나." 이런 식으로 무례하게 굴면, 벌떡 일어나 상대를 니킥(knee kick)으로 찍어버리고 싶다는 생각마저 들 수 있다. 사회자는 이런 상황에 이르지 않도록 적극적으로 개입해야 한다. 청중들은 토론을 보러 온 것이지 레슬링을 보러 온 것이 아니기 때문이다.

이런 상황을 사전에 막을 한 가지 방법은 사회자가 토론의 규약을 선제적으로 정해두는 것이다. 특히 상식이 통할 거라고 믿기 어려운 사람이 많을수록 규약을 철저히 해둘 필요가 있다. 상호 존댓말을 쓰자, 한 사람의 발언 시간은 5분 이내로 제한하자, 육두문자를 쓰지 말자, 사회자로부터 발언 기회를 얻어 발언하자, 니킥은 금지한다 등등. 이미 주어진 규약이 있다고 해도 그걸 상대가 반드시 따르리라는 보장은 없다. 다음

Edgar Degas, Dans les Coulisses(1883)

과 같은 경우를 상상해보라. 뷔페식당에 가서는 음식을 각자 가져다먹는 것이 규약이다. 누군가 음식을 가져다주기를 원한다면, 뷔페식당이 아닌 다른 식당으로 가야 한다. 그러나 세상은 만만치 않아서, 누군가 뷔페식당의 종업원에게 당당히 반말로 이렇게 요구할지도 모른다. "어이, 종업원 여기 음식 좀 갖다 줘.""죄송하지만 이곳은 뷔페입니다.""아, 뷔페인 건 아는데 좀 갖다 달라고. 아, 진짜." 이런 사람이 토론장에 온다면, 사회자의 승인을 얻어 질문을 하기로 규약을 정했음에도 아무 때나 자기 멋대로 질문을 해댈 것이다. 이런 경우에는 결국 사회자가 규약을 정해두는 것 이상의 적극적인 역할을 수행해야 한다.

이런 난장판의 경우만큼이나, 혹은 그 이상으로 사회자의 적극적인 개입이 필요한 경우가 있는데, 다름 아닌 토론자들이 지나치게 과묵한 경우다. 이것은 대학원 세미나 시간에도 종종 발생하는 상황이다. 적지 않은 학생들이 자기 의견을 적극적으로 펼치기를 꺼리는 경향이 있다. 강의실에 들어오면 가능한 한 뒷자리에 앉으려는 심리와 비슷하달까. 그러나 토론 시간은 자기 성격 발표회가 아니다. 세미나에서 의견을 개진하는 것은 개인의 심리 문제로 국한되는 사안이 아니라 세미나에 자신이 어떤 공헌을 할 것인가의 사안이기도 하다. 생각을 나누고 상대에게 좋은 자극을 주는 것은 해당 모임 구성원이 해야 할 공헌인 것이다. 그렇다고 해도 말을 꺼리는 학생은 여전히 말을 꺼린다. 그리하여 나는 토론 시간이 침묵으로 싸늘해지는 것을 막아보고자 한 가지 방책을 생각해냈다. 알코올이 든 초콜릿을 준비했다가 권하는 것이다. 일부 학생들은 토론 시간에만 조용할 뿐, 술자리에 가서는 그 누구보다도 수다쟁이가 된다는 제보를 받고서. 오늘도 나는 알코올 함량이 높은 초콜릿을 찾아 상점을 헤맨다. 초콜릿을 퍼먹은 학생들이 좀 더 활발한 토론을 할지 모른다는 가냘픈 소망을 간직하고서.

분석적인 요약문에 필요한 것들

발제하는 법

각종 세미나에서는 참여자들이 이른바 발제(發題)라는 것을 한다. 학교 수업에서도 그렇고 학교 밖의 회의에서도 그렇다. 국어사전에 따르면, 발제란 '논제를 정리하여 제기함' 혹은 '논제를 정리하여 논의의 대상으로 내놓다'라는 뜻이다. 즉 세미나에서는 누군가 앞에 나서서 그날의 논의거리를 일목요연하게 제기할 책임을 맡곤 한다. 그러나 현실에서 발제가 항상 사전의 뜻대로 이루어진다는 법은 없다.

세미나에서는 공부 혹은 논의의 주제가 있고, 그에 관계된 텍스트가 있다. 주제에 대한 논의는 대개 그 텍스트를 매개로 하여 이루어진다. 학생들에게 해당 텍스트를 발제하라고 했을 때 나타나는 가장 흔한 현상은 그 텍스트를 단순히 요약해 오는 것이다. 그러나 단순 요약은 발제가 아니다. 단순 요약이 의미가 있으려면, 세미나 구성원들이 주어진 텍스트를 거의 이해하지 못하고 있어야 한다. 그런데 구성원들이 토론 대상이 되는 텍스트를 거의 이해하지 못하고 있다면, 아직 그 사람들은 세미나를 할 준비가 되어 있지 않다고 보는 것이 맞을 것이다. 세미나를 할 정도로 준비가 된 이들은, 해당 텍스트의 내용을 각자 읽고 어느 수준 이상 머릿속에 정리할 수 있는 사람들이다. 아직 그 단계에 이르지 못했다면, 일단 그 단계에 이를 수 있도록 선행 준비 단계를 거쳐야 한다.

　물론 요약 자체가 쉽지 않은 어려운 텍스트들이 있다. 지금은 학생들이나 일반인들이나 영어로 된 텍스트를 읽고 이해하는 능력이 출중한 것 같다. 그러나 예전에는 그러지 못했다. 외국어로 된 문건이라면 경기를 일으키는(?) 사람들이 상당히 있었다. 그래서 사람들은 옛날 세미나 기억을 더듬으면서 쏩쏠하게 회고하곤 한다. 옛날에는 선생님이 20페이지 정도 영어로 된 논문을 내어주면, 그것을 10명 정도의 학생이 2페이지씩 나누어가서 번역과 요약을 했지. 그 번역문들을 다시 모아서 한 편의 글로 만든 뒤, 그것을 읽고 토론했지. 일주일에 영어로 된 글 한 편을 읽어 올 언어적 역량이 되지 않았을 때의 세미나 풍경이다. 여기서 영어는 가장 자주 일어나는 상황의 예일 뿐 다른 외국어의 경우도 마찬가지다. 좀 더 극단적인 예를 들자면, 외국 문학 세미나를 하는데 해당 외국어 독해 능력이 현저히 낮은 경우 그 세미나가 제대로 진행될 리 없다. 오늘날 같으면, 선생님이 학생들에게 세미나에 참석하기 전에 필요한 외국어 독해 훈련을 거치고 오라고 조언을 건넸을 것이다.

우리에게 즉각적으로 이해되는 언어로 서술되어 있지 않은 자료의 경우, 요약이란 상당 부분 (우리가 보다 이해하기 용이한 언어로의) 재서술을 의미하게 된다. 외국어나 고전어로 된 텍스트가 아니고 모국어로 된 텍스트라도 상당한 길이와 복잡한 전개를 가졌다면 일정 수준의 요약이 필요하다. 사실, 모국어 글이라고 해서 잘 이해하란 법은 없다. 그런데 그 요약이 그저 해당 텍스트의 순서에 맞추어 기계적으로 이루어진 요약일 필요는 없다. 참석자의 이해를 도울 수 있다면, 마치 추리소설을 분석할 때처럼 내용의 재배치를 통한 텍스트 재구성을 시도해볼 수도 있다. 재구성을 잘하려면 텍스트의 구성 부분을 명철하게 이해해야 할 뿐 아니라 토론자나 독자들의 이해를 앞장서 돕겠다는 자비심이 있어야 한다.

결국, 발제를 위해서는 단순한 내용 요약이 필요한 것이 아니라 그 텍스트의 핵심 주장(thesis)을 파악하는 것이 중요하다. 핵심 주장을 파악하려면 그 주장을 이루는 나머지 부분들의 역할을 분석적으로 해체 조립할 수 있어야 한다. 핵심 주장을 파악하고, 그 주장을 세부적으로 구성하는 하위 주장들을 판별해내고, 그 주장들의 관계를 살피고, 그 주장들이 타당한 근거를 가지고 있는지까지 고려해서 요약을 한다면, 그것은 이미 단순한 요약을 넘어선 것이다. 발제를 위해 필요한 것은 단순 요약이 아니라 이처럼 분석적인 요약이다.

일정 수준 이상의 분석적 요약과 재서술이 이루어졌다면, 이제 발제자 자신의 해석을 명시적으로 제공할 차례다. 물론 요약이 단순히 해당 텍스트를 군데군데 인용해서 짜깁기한 수준이 아니라 자신의 언어로 재구성되고 적절히 가공되었다면 거기에 이미 발제자의 해석이 상당히 담겨 있을 것이다. 그러나 다른 참여자의 명료한 이해를 돕기 위하여 별도로 자신의 해석을 분리해서 제공할 수 있다. 읽은 사람이라면 누구나 알 수 있을 정도의 혹은 동의할 수 있을 정도의 뻔한 해석을 일부러 따로 떼어내 부기할 필요는 없다. 별도로 제공할 가치가 있는 해석은 토론의 대상이 될 정도로 충분히 논쟁적(contestable)이어야 한다. 동시에 제정신을 가진 그 누구도 동의할 수 없는 허황한 이야기도 할 필요가 없다. 허황한 이야기를 반복한다면, 세미나 이후에 사람들이 슬슬 당신을 피할지 모른다. 창의적인 이야기와 허황한 이야기는 다르다. 창의적인 이야기라면 당신은 그 세미나의 스타가 될지도 모른다.

발제가 '논제를 정리하여 제기'한다는 뜻이라면, 그 해석은 결국 문제의 제기로 이어져야 한다. 문제의 제기는 종종 질문의 형태를 띤다. 그런데 문제를 제기하기 위해서 (동료 세미나 참가자들이 그 시점에 가지고 있으리라고 기대하기에는) 너무 많은 배경 지식을 끌어오는 것은 곤란하다. 참석자들이 공유하고 있는 지식에 기초하여 분석적 논의를 해야 한다. 반드시 추가적인 배경 지식이 필요하다면, 다 함께 그 배경 지식을 습득한 이후에 토론하자고 연기를 제안할 수도 있다. 만약 그날의 세미나가 한동안 이어져온 어떤 시리즈의 연장선에 있다면, 지금껏 논의되어오거나 공유되어온 사항들은 참고 체계 혹은 배경 지식으로 기능할 수 있다.

제한된 세미나 시간을 감안할 때, 제기되는 문제는 막연하게 큰 질문이어서는 곤란하다. 삶의 의미는 무엇일까요? 우리는 인생을 어떻게 살아야 할까요? 인류의 미래는 무엇일까요? 저에게도 희망이 있을까요? 이런 질문을 세미나에서 제기해서는 안 된다. 주어진 텍스트와 제한된 시간을 고려하여, 충분히 다룰 수 있는 규모의 질문을 제기해야 한다. 문제를 제기하기 전에, 이 질문이 과연 이 세미나 시간에 효과적으로 논의할 수 있는 구체적인 질문인가를 스스로에게 물어야 한다.

아우, 도대체 문제를 어떻게 구체화해야 할지 모르겠어요! 그럴 때는 어떻게 하나? 간단한 비교로부터 논의를 시작할 수 있다. 비교는 생각의 실마리 역할을 하는 경우가 많다. 물론 참여자가 모르는 대상을 끌어와서 갑자기 비교를 감행해서는 안 된다. 모두들 같이 읽어온 텍스트가 있을 때는 그 텍스트의 특정 구절에 근거하여 질문을 만들어볼 수도 있다. 특정 구절에 기초하면, 아무래도 문제가 구체화되기 쉽다.

문제를 제기하는 사람은 단지 그 문제를 제기하는 데 그치지 않고, 자신이 가지고 있는 잠정적인 대답이나 통찰을 제시하는 게 좋다. 그런데 반드시 자신의 대답 혹은 통찰을 먼저 제기할 필요는 없다. 그 순서는 토론의 상황에 따라 다르다. 별도의 사회자가 없다면, 발제자가 마무리 발언을 하게 되는 경우가 많은데, 필요하다면 그때 자신의 견해를 제시할 수도 있다.

발제는 크게 분석적 요약, 해석, 문제의 제기(와 대답)로 이루어진다. 이러한 일련의 작업을 수행할 때, 참여자들은 최대한 분명한 어휘와 논조를 구사하는 것이 좋다. 아아, 애매모호함은 예술작품이나 절세미녀(혹은 꽃미남)의 마음에나 어울리는 것이다. 세미나에서 보통 사람들은 명료함을 추구한다.

Albert Anker, The Writing Lesson(1865)

세미나의 비극을 넘어서

세미나를 즐기는 법

사회과학자들은 한정 자원을 여러 사람들이 함께 이용할 때 생기는 자원의 악화 현상을 '공유재의 비극'이라고 부른다. 예컨대, 여기 각자 가축과 사유지를 가진 목동들이 있다고 가정해보자. 그리고 누구나 자유롭게 사용할 수 있는 일정 크기의 공유 목초지도 있다고 해보자. 무슨 일이 일어날까? 목동들은 자기 가축들로 하여금 자기 사유지에서 먼저 풀을 뜯게 할까, 아니면 공유지에서 먼저 풀을 뜯게 할까? 자기 이득을 최대화하고 싶은 목동이라면 모두 자기 가축을 공유지에 먼저 방목해서 풀을 먹이려고 할 것이다. 그래야 이익이니까. 자기 사유지에서 풀을 먹인 뒤에 공유지에 눈을 돌리면 이미 다른 목동이 그 공유지의 풀을 상당 부분 고갈시켜놓았을 것이다. 따라서 목동들은 먼저 먹는 사람이 임자라는 마음으로 공유지에 자기 가축을 앞 다투어 풀어놓게 된다. 그 결과 그 공유 목초지는 초토화된다. 당장 자신의 가축을 공짜로 먹일 수 있는 기회는 눈앞에 있고, 그 공유 목초지가 초토화되어 생기는 공동의 손해는 훗날의 일이기 때문이다. 다들 '먹튀'를 하려고 드는 것이다. 자기가 지금 '먹튀'를 하지 않으면 뒤에 오는 누군가가 '먹튀'를 할 것으로 생각한다. 모두 '먹튀'가 되면서 결국 그 공유지는 황무지가 된다. 모두 불행해진다.

위의 상황을 비유적으로 세미나 수업에 적용해보자. 세미나 수업이란 무엇인가? 학교에서 이루어지는 수업 형태에는 여러 가지가 있다. 일반적인 강의 수업도 있고, 일대일 면담 수업도 있고, 토론식 세미나 수업도 있다. 각 수업 형태가 그 나름의 장단점을 가지고 있기에, 학교는 대개 이 세 가지 종류의 수업을 함께 운용한다. 이 중에서 세미나 수업이 갖는 강점이 있다. 선생이 강의하는 내용을 조용히 받아 적고 떠나는 식의 수업에서는 학생들이 수동적이 되기 쉽다. 일대일 면담 수업에서는 다수의 동료와 더불어 갑론을박하면서 논의를 발전시키는 경험을 하기 어렵다. 그래서 교육 전문가들은 입을 모아 말한다. 적당한 수의 피교육자들이 모여, 세미나를 통해 스스로 결론을 도출해낼 때 가장 많이 배운다고.

그래서 일반 강의를 통해 일정한 지식을 전수하고 나면, 세미나를 통해서 지금까지 수동적으로 배운 것을 한 차원 더 심화할 필요가 있다. 대학 교육을 선도하는 해외의 대학들 대다수는 일주일에 수업을 세 번 한다면 한 번 정도는 세미나 수업을 진행한다. 대학원이야 말할 것도 없다. 대학원 세미나에서는 학생이 선생에게 질문하더라도 선생은 대개 곧바로 대답해주지 않는다. 대신 세미나의 다른 구성원들에게 그 질문에 대한 의견을 구한다. 그러한 과정을 통해 학생들끼리 논의를 발전시키고, 결국에는 정답 혹은 보다 나은 대답에 이르도록 유도한다. 이런 식의 세미나에서 선생은 더 이상 학생에게 지식을 떠먹여주는 일방적 지식 전달자가 아니다. 학생들이 내놓은 견해에 반응하고 함께 토론하는 동료에 가깝다. 세미나에 참여하는 사람들 스스로 지식을 창출하고 습득해야 한다. 얼마나 풍요로운 세미나가 되느냐는 참여자 각자가 얼마나 유의미한 견해를 가져오고, 상대 의견에 좋은 피드백을 주었느냐에 달려 있다. 요컨대 세미나 참여자 모두가 토론에 공헌해야 한다.

이처럼 세미나는 자신을 설득하기 위한 논리를 만들고, 그것을 정련된 언어로 표현하여 타인을 설득하고 또 설득당하는 맹렬한 지성의 교류 현장이다. 물론 이것은 세미나의 이상이다. 세미나의 현실은 결코 녹록하지 않다. 세미나를 덕담을 위한 사랑방으로 여기는 사람도 있고, 자기하고 친한 사람을 비판했다고 발끈하는 사람도 있고, "너 몇 살이야"와 같은 말을 '시전'하는 사람도 있고, 두서없이 인용문 몇 개 나열하고 "할렐루야!"라고 외치는 사람도 있고, 토론을 빙자해서 하고 싶은 말만 하는 사람도 있고, 상대의 논지보다는 꼬투리 잡는 데 골몰하는 사람도 있고, 자신이 멍청해 보일까 봐 너무 신경 쓰는 (그래서 아무 말도 하지 않는) 사람도 있고, 자신이 아무리 멍청해 보여도 상관하지 않는 (그래서 늘 아무 말이나 늘어놓는) 사람도 있다. 양질의 세미나는 정말 드문 경험이다.

최악의 경우는 무임승차자가 넘쳐나는 세미나다. 자기 이익을 극대화하려는 개별 참여자의 입장에서는 다음과 같은 경우를 상상해볼 수 있다. 자신은 별로 말하지 않고 남이 말하는 것을 잘 적어서 돌아가는 것이야말로 최소의 노력을 들여 최대의 이익을 얻는 방법이라고 생각하는 것이다. 모든 사람이 이런 생각을 가질 때, 그 세미나에서는 남이 말한 것을 적으려 드는 사람만 있을 뿐, 말하는 사람은 없게 된다. 즉 세미나 자체가 초토화된다.

이런 상황을 개별 세미나를 넘어 학교생활 전체로 확장해볼 수 있다. 최대한 무임승차자 노릇을 하다가 떠나려는 학생, 교수, 직원을 상상해볼 수 있다. 아무리 결함이 많은 학교라고 해도, 자신이 자발적으로 그곳에 속해 있는 한 무임승차자 노릇을 해서는 안 된다. 자신이 뭔가 받아가는 한, 그 시스템이 굴러가는 과정에서 자신이 해야 할 몫이 있다. 학교는 자판기가 아니다. 본인이 등록금이라는 돈을 투입하고, 수업이라는 캔커피를 받아 마시는 곳이 아니다. 선생은 선생대로, 학생은 학생대로, 직원은 직원대로, 각자 자기 역할에 걸맞게 참여할 때에야 비로소 배움의 현장이 제대로 굴러간다. 학교는 아쉬울 때 갑자기 나타나서 자신이 원하는 서비스만 받아 챙겨 떠나는 곳이 아니다.

만약 배움의 현장이 무임승차자들로 인해 초토화되어가고 있다면, 어떻게 해야 이 상황을 개선할 수 있을까? 총장이 학생, 선생, 직원들에게 각자의 이익만 생각하지 말고 공동의 이익을 생각하자고 권하면 어떻겠냐고? 경제학자 맨슈어 올슨은 일찍이 공동의 이익이 있으면 자발적으로 공동의 노력이 생겨나리라고 보는 견해를 날카롭게 비판한 바 있다. 집단적인 이득의 가능성이 있다고 해서 사람들이 집단적으로 움직이지는 않는다는 것이다. 집단적인 이득으로부터 배제된다는 위협이 느껴지지 않는 한 자발적으로 집단적인 이득에 기여할 인센티브는 없다는 것이다. 다시 말해서 무임승차가 가능하기만 하다면, 사람들은 무임승차하려 들 것으로 보는 것이 합리적이라는 것이다.

그러면 어떻게 해야 하나? 자발적인 협동으로 공유재의 비극을 해결할 수 없다고 본 일부 사회과학자들은 강제력을 가진 정부가 적극적으로 개입해야 한다고 주장했다. 그렇다면 세미나에서 선생이 강한 정부와도 같은 역할을 맡아야 하나? 강제력을 마구 휘둘러야 하나? 이를테면, 각 학생마다 수업시간에 발언해야 하는 시간과 공헌해야 할 수준을 정확하게 계산하고, 그에 불응하는 경우는 학점이나 기타 방법으로 강력하게 제재해야 하나? 매 발언이 어느 정도 통찰력이 있었는지 기록하여 관리해야 하나? 이런 식으로 하면, 선생에게 막대한 부담이 오는 것은 물론이거니와, 동료와 토론을 통해 배운다는 세미나의 근본 취지가 왜곡될 공산이 크다.

돌아가면서 한마디씩 하게 하는 정도는 어떻냐고? 그 방법 역시 한계가 있다. 그러한 기계적인 방법으로는 토론의 자연스러운 진화를 통해 논의가 무르익는 체험을 하기 어렵다. 아예 자유롭게 방임하면 어떻냐고? 자유방임이 좋은 결과를 가져오려면, 참여자들이 고도로 동기부여된 우수한 학생들이어야 하는데, 이것이 얼마나 현실적인 가정일까. 아예 선생과

Harrington Mann, Lesson Time(1908)

일대일 세미나를 하면 어떻냐고? 그것은 학생 하나하나마다 독선생을 두는 것이므로 이 역시 막대한 비용이 발생한다.

엘리너 오스트롬과 같은 정치학자는 공유재의 비극을 넘어서기 위해서는 공유재를 사용할 당사자들이 직접 그 공유재의 생산과 공급 과정에 참가하고, 많은 상황의 변수를 고려해서 제도를 구체적으로 잘 설계해야 한다고 역설한 바 있다. 마찬가지로 선생은 그 학기의 특수 사정을 고려하여 학생들이 서로 배울 수 있도록 세미나를 구체적으로 잘 설계해야 한다. 토론의 효과를 극대화하기 위해서는 어느 정도 레벨의 학생들이 참여하는 것이 좋은지, 주제나 성격을 고려하여 어느 정도 인원을 유지하는 것이 좋은지, 과거 세미나의 관성은 어느 정도 남아 있는지를 고려하여 잘 설계해야 한다. 늘 준비된 상태로 임하도록 만들고, 그러면서도 미리 준비하지 않은 즉흥적 발상마저도 소화할 수 있게끔 세미나 판을 벌여야 한다. 구성원들이 서로 호혜적인 관계를 맺을 수 있도록 독려하고, 가능하면 세미나의 당사자들이 토론의 규칙을 서로 정하게 하고, 규칙 위반 시의 제재에도 자율적인 성격이 가미되도록 하는 것이 좋다.

5부

공부에 대한 대화

———

목마른 사람처럼
배움의 기회를 찾아야

배움의 순간도 사랑처럼, 의외의 순간에 오는 것

중앙SUNDAY 인터뷰(유주현 기자)

공부란 무엇인가. 추석이란 무엇인가. 평생 해본 적이 없던 질문들이다. 그저 시험 잘 보려고 한 것이 공부였고, 추석엔 습관적으로 전을 부쳤다. 그런데 언제부턴가 김영민 서울대 정치외교학부 교수가 불쑥 던진 "그건 공부가 아니지 않느냐", "명절엔 잘 쉬는 게 낫지 않느냐"는 문제 제기가 잠자던 뇌세포를 흔들어 깨웠다.

〈중앙SUNDAY〉에 1년 7개월여간 연재한 '공부란 무엇인가' 칼럼에서도 그는 근본적인 생각거리를 던졌다. 공부란 대학에 가기 위해 하는 것이 아니라 대학에서 하는 것이며, 대학에 가서는 무엇을 어떻게 배우면 좋은지에 대한 논의들이었다. 칼럼을 읽는다고 갑자기 공부를 잘하게 될 리는 없었지만, 독서와 토론과 글쓰기 같은 공부의 방법론에 관한 리드미컬한 그의 조언들은 '생각의 근육'을 키우게 했다. 칼럼을 마친 그를 만나 못다 한 이야기를 나눴다.

'공부란 무엇인가'는 신입생 필독서 같았다. 본인은 대학 때 어떤 공부를 했나.

우리는 사실 대학에서 공부를 별로 안 한 세대라 대답이 궁색한데, 헌책방 돌아다닌 게 좀 공부가 되지 않았을까 싶다. 학점 잘 주는 수업 말고 좋은 강의를 골라 듣는 감각도 있었고. 좋은 수업이란 정보량도 상당해야 하지만 정보를 꿰뚫는 안목·시야·관점을 부여해야 한다. 대학에 가서 처음으로 과목을 선택하게 되니까 그런 안목이 굉장히 중요한데, 저는 중·고등학교 때 독서회 활동도 하고 삼중당문고 같은 책을 쭉 읽은 게 도움이 됐다. 역설적으로 대학 때 잘 지내기 위해선 중·고등 시절에 그런 감각을 키우는 게 중요한 셈이다.

입시 위주의 중·고등 교육과정에서 그것이 가능할까. 예컨대 의대나 법대에 들어가 제대로 공부를 해서 드라마에서 보는 훌륭한 의사, 정의로운 검사가 되려는 중·고생들은 무슨 공부를 하면 좋을까.

배움의 순간도 사랑처럼, 의외의 순간에 오는 것

어느 직업에나 이상적인 직업윤리가 있겠지만, 윤리 교육이란 게 학교에서 교육해서 되는 일은 아니다. 교과서를 잘 읽어서 윤리적 인간이 되는 경우를 본 적이 있나. 예비군 훈련에 다녀와서 갑자기 애국자가 되는 사람은 없는 것처럼, 윤리적인 인간이란 누가 주입시켜서 되는 게 아니라 자연스럽게 그럴 만한 환경에 놓여야 하는 것 같다. 전반적으로 삶의 어떤 예상치 않은 국면 안에서 깨달음이 오는 거니까.

지난 인터뷰(본지 2019년 2월 2일자) 때 '최근 한국에서 계층 이동을 위한 경쟁이 돈 있는 자들의 게임이 된 것이 문제'라고 했는데, 이후 고위층 자녀들의 스펙 품앗이 풍조가 드러나면서 바로 그 문제가 대두됐다.

윤리적 문제에 대한 비판은 많이 나왔으니 반복하고 싶지 않고, 자녀를 위해 품앗이할 게 많을 텐데 왜 하필 스펙을 품앗이하는지 흥미로웠다. 친한 사람의 자녀가 있다면 지식이나 운전이나, 정말 뭔가를 잘 가르쳐주는 품앗이도 있을 텐데. '내가 저 집 자식을 한번 윤리적인 인간으로 만들어주겠다'고 했다면 사람들이 좀 덜 분노하지 않았을까(웃음). 스펙 말고도 품앗이할 게 많다는 걸 얘기하고 싶다.

그는 지난해 말 논어 에세이집 《우리가 간신히 희망할 수 있는 것》을 출간했다. 동양 고전을 텍스트 삼았다고 고루한 '공자님 말씀'은 아니다. 현대인이 살아가는 현재의 삶과 세계를 고전을 레퍼런스 삼아 경쾌한 반전화법으로 통찰했다. 국가 권력에 대한 개인의 자세를 다룬 '성(省)' 편에서, 역병 상황에 처한 우리에게 국가의 통제나 감시보다 자기 통제와 양심이 관건이라고 넌지시 일깨우는 식이다.

사람들은 구속받는 걸 싫어하잖나. 그런데 역병과 전쟁이라는 두 경우 국가의 구속을 받아들이는 상황이 된다. 그런 계기를 통해 국가가 힘을 확장하는데, 학자들 연구에 의하면 결국 장기적으로 그런 국가의 노력은 실패할 수밖에 없다. 사람을 강제한다는 건 한계가 있으니까. 만일 이 사태가 장기화한다면, 그밖에 어떤 식으로 필요한 삶의 형태를 창출할 건지 빨리 고민을 시작해야 한다. 사람을 움직이는 데는 강제부터 윤리의식이나 인센티브 같은 동기부여, 영혼의 울림을 듣는 일까지 다양한 요소가 다 필요하기 때문이다.

한국식 감염병 예방법이 조명받고 있다. 인권 침해라는 시각도 있는데, 한국에서 이런 법률이 가능한 이유가 뭘까.

최근 국민 대다수가 한국을 선진국으로 느낀다고 한다. 작년 이맘때만 해도 다들 '헬조선'에 살고 있다고 했는데. 불과 1년 사이 실제 선진국이 됐다고는 보기 어렵고, 사견이지만 '헬조선'이라서 방역에 상대적으로 성공한 것 아닐까. '헬'에 부정적인 뜻만 있지는 않지 않나. 굉장히 다이내믹하고 열정적이라는 뉘앙스도 있다. 오히려 선진국에 가보면 특유의 권태와 게으름이 있다. 평소 긴장 없이 살면서 힘든 일은 이주노동자에게 외주를 주는 게 선진국의 실상 아닌가. 국민을 순식간에 동원할 수 있고, 국민은 순발력 있게 대처하는 '헬조선'이기에 가능한 면이 있는 것 같다.

초유의 온라인 강의는 잘 적응했는지.

어렵다. 지금은 위기상황의 미봉책일 뿐이니까. 제대로 동영상 강의를 하려면 상당히 많은 노력과 자원을 들여서 시나리오도 짜고, 로케이션도 가고, 그런 투자를 통해 수업을 구성해야 한다. 동영상 강의의 효과에 대해서도 유보적인 입장이다. 사람이 강의 콘텐트 전달을 통해서만 배우는 게 아니기 때문이다. 사실 콘텐트 전달은 책으로 하면 된다. 강의는 서로 얘기를 나누고, 헛소리도 하고, 의도하지 않은 엉뚱한 얘기로 번지는 과정에서 더 배우는 면이 있지 않나. 남녀 간의 만남도 한번 사귀어보자고 정면으로 스펙 교환할 때 사랑이 싹트는 게 아니라 의외의 순간에 사랑의 감정이 생기듯, 배움의 순간도 원래 준비해온 콘텐트를 단순 전달하는 데서 생기지 않을 경우가 훨씬 많다고 보고, 그런 것들을 허용하는 수업 구성을 해왔다. 지금 환경에서 가장 큰 도전은 그런 게 어려워졌다는 점이다.

몇 달 동안 학교에 안 가도 되는 아이들을 보며 '학교란 무엇인가' 싶었다.

학교라는 환경 자체가 중요하다. 캠퍼스에 들어가는 자체가 바깥세상과 다른 영역에 진입하는 것이다. 공부의 과정 중 지식 콘텐트 전달에서 배우는 건 굉장히 일부분이다. 그 여백에서 전해지는 게 교육의 핵심일 수 있다. 학교 건축이나 캠퍼스 설계가 달라야 하는 이유다. 이참에 캠퍼스를 인터액션을 위한 공간으로 재구성하는 계기로 삼으면 어떨까. 단순히 건물 속에 애들을 수용하는 거라면, 큐레이터가 전시장에 사람들을 대충 밀어 넣는 것과 똑같지 않나.

그는 교육뿐 아니라 예술도 마찬가지라고 했다. '언택트'가 '뉴노멀'이 된다고 해도, 공연, 전시 등 전통적인 오프라인 콘텐트에는 온라인 체험으로 대체할 수 없는 '공간의 마법'이 있다는 것이다.

발터 벤야민도 예술작품에 대한 직접 체험이 다른 것으로 환원될 수 없는 의미심장한 경험을 선사한다고 했다. 미술관이나 공연장에 들어간다는 건 일종의 '정신의 인큐베이터'처럼 특수한 체험을 하도록 설계된 비현실적인 공간에 들어가는 것이다. 현대미술을 위한 화이트큐브는 문에 들어가면서부터 작품만 보는 게 아니라 동선을 체험하고 나오도록 큐레이션된다. 동선을 따라 걸으며 자연스럽게 여러 가지 상상을 자극받도록 설계된 전시가 훌륭한 전시다. 지금 서울시립미술관 '모두의 소장품' 전에 가보면 알 수 있다. 부처 뒷모습을 그린 병풍이 흥미로웠는데, 좀 가다 보니 커튼으로 닫힌 창을 그린 그림이 있더라. 순간 '창에도 뒷모습이 있다면 커튼을 친 모습이겠구나' 하는 생각이 들었다. 집에서 온라인으로 별개 작품들을 봤다면 절대 할 수 없는 생각이다.

김영민 교수는 '공부란 무엇인가'를 끝내자마자 〈중앙일보〉에 '생각의 공화국' 연재를 시작했다. 그밖에도 다양한 매체에 방대한 지식을 쏟아내고 있는 걸 보면 '공부는 언제하나' 싶다. 이에 대해 그는 "코로나 사태 이전부터 쭉 사회적 거리두기를 해왔다"며 "인생의 대부분의 시간을 읽고 쓰고 있기에 가능하다. 다른 분들도 책과 거리를 좁히고 사회적 거리를 두면 될 거다"라고 했다.

글을 많이 쓰는 이유는 "한국어로 쓰인 좋은 산문이 더 필요하다고 생각해서"란다. 1년 안에 직접 고급 서평지를 내려고 동료들과 기획 중인데, 역시 "좋은 글을 다량으로 유통시키기 위해서"다. "논술 출제를 가보면 전문가들끼리 '지문으로 쓸 만한 한국어 글이 정말 부족하다'는 얘기를 한다. 학생들이 읽으면 좋고 문제로 낼 만한 현대 한국어 산문이 적다는 거다. 좋은 글을 많이 접할 수 있게 다량으로 유통시켜야 할 필요를 느껴서 뜻 맞는 사람들과 고급 서평지를 내자고 의기투합했다. 신간 소개를 넘어 해당 책을 뒷받침하는 학식과 글 자체로서도 좋은 고급 서평을 모은 매체가 될 거다. 해외에는 많다. 우리도 그런 서평지가 활성화되면 정보 제공은 물론 비판적인 글을 통해 책의 장단점도 생각해보게 되고, 무엇보다 좋은 산문이 많이 쓰이겠지. 궁극적으로 좋은 산문의 유통이야말로 공부의 기본 바탕에 공헌하게 될 것이라 생각한다."

배움의 순간도 사랑처럼, 의외의 순간에 오는 것

대학, 말하고 쓰는 법을 배우는 시간
서울대 사람들 인터뷰

초유의 온라인 개학 시대를 맞아 조용한 봄날의 캠퍼스가 펼쳐지고 있습니다. 요즘 교수님께서는 일상을 어떻게 보내고 계신가요?

평소에 '사회적 거리두기'를 실천해왔기 때문에 일상에 큰 변화는 없습니다. 아침에 일어나 페이스북에 그림 한 장 올리고, 자기 전에 음악 링크 하나 올립니다. 그사이에 할 일을 하고, 책을 읽고, 글을 쓰고, 산책을 하고, 영화를 보고, 몽상에 잠기고, 디저트를 먹고, 대소변을 봅니다.

동영상 강의 준비에 어려움은 없으셨는지요. 학기가 시작한 지 두 달이 흘렀지만 여전히 익숙해지지 않는 것들이 있을 것 같습니다. 혹은

공부란 무엇인가

반대로, 좋은 점도 있을까요?

제 수업은 강의실에서 공간적 배치가 중요합니다. 그 배치에 따라 제 동선도 결정됩니다. 그 모든 움직임은 강의에 큰 영향을 주기 때문에 비대면 강의는 제게 큰 도전입니다. 토론 역시 상대의 보디랭귀지 등 다양한 요인들이 어우러져서 효과를 내기 때문에 동영상 강의로는 어려운 점이 많습니다. 동영상 강의가 제대로 이루어지려면, 단순히 강의를 촬영하는 것으로는 부족합니다. 마치 하나의 영화를 찍는 듯한 구성과 투자가 필요합니다.

교수님께서 평소 수업에서 중요하게 생각하시는 부분은 무엇인가요?

학생들의 변화를 중시합니다. 수업을 들어도 아무 변화가 없다면 무슨 의의가 있겠습니까. 그리고 인생은 짧기에, 수업 시간이 지루하지 않기 바랍니다. 두 달 전쯤, 서울대에서 학사, 석사, 박사까지 한 낯선 졸업생이 제 책을 읽고 이메일을 보냈는데, 거기에 "학교를 그렇게 오래 다녔어도 '이 학교에 들어오길 정말 잘했다'라고 생각하게 해주는 강의"가 드물었다는 내용이 있었습니다. 이 학교에 들어오길 정말 잘했다고 느끼게 해줄 강의를 퇴임 전에 한 번이라도 하는 것이 목표입니다.

학생들과 함께 답사를 떠나거나, 고전 공부 스터디를 개최하시면서 적극적으로 교류하고 졸업 후에도 결혼 축사를 해주시는 등 학생들과 끈끈한 유대를 맺는 비결은 무엇인가요?

두루 유대를 맺을 능력은 없습니다. 지금은 관계가 단절된 학생도 있고요. 졸업한 후에도 자신의 투병 생활을 전해오는 졸업생도 있는 것을 보면, 유대감을 느끼는 학생들도 있는 것 같습니다. 유대의 비결은 모르겠으나, 학생들 비위를 맞춘다고 유대감이 형성되는 건 아니라는 건 확실합니다. 수업 외 활동도 중요한 것 같습니다. 수업과 무관하게 이루어지는 공부 모임과 답사 모임이 학생들에게 깊이 각인되는 것 같습니다. 그러고 보니, 학생들과 함께 유럽, 아메리카, 아시아, 그리고 한반도 이곳저곳을 많이 다녔네요. 누군가 아무런 간섭과 제약을 가하지 않으면서 경제적 지원을 해준다면 지금껏 경험하지 못했던 양질의 답사 프로그램을 운영해볼 생각이 있습니다.

원하는 학생에 한해 기말 리포트를 꼼꼼하게 첨삭하고, 글을 고쳐 써오도록 하는 지도 방식을 창안하신 이유는 무엇인가요? 또 관련해서 기억에 남는 에피소드가 있다면 소개해주세요.

첨삭 지도는 저 이외에도 여러 선생님들이 하고 계시겠지요. 다만 그분들이 다수가 아니다 보니, 질문에 '창안'이라는 표현이 들어간 것 같습니다. 글쓰기란 대부분의 수업에서 이루어져야 하는 대학 교육의 기본입니다. 그런데 현 환경에서는 각오와 희생이 필요한 일이 되어버렸습니다. 수업 성격상 글쓰기가 필요한데 그 수업에서 글쓰기 지도가 전혀 이루어지지 않는다면 심각한 문제입니다. 저라면 그런 수업을 피하겠습니다.

홈페이지에 부임 다음 해인 2007년부터 게시글을 올리기 시작하셨는데요. 조회수가 천 단위입니다. 학교 홈페이지를 블로그처럼 활용하시게 된 계기와 주요 방문객이 궁금합니다.

10여 년 전에 학교에서 (별다른 지원은 하지 않았지만) 교수들에게 홈페이지를 개설하라고 독려한 적이 있습니다. 당시 학과에서 제가 가장 젊은 교수였기 때문에 나라도 해보자는 마음에서 시작하게 되었습니다. 덧글을 달지 못하게 되어 있는 홈페이지라서 방문객이 누구인지는 저도 모릅니다. 잉여력이 넘치는 사람들이 방문하지 않을까요?

교수님께서는 연구 논문뿐만 아니라 언론 인터뷰와 칼럼 등 말과 글을 통해서 사회와 적극적으로 소통하고 계신데, 그 이유는 무엇인가요? 또 앞으로의 출판/연재 계획이 있다면 소개해주세요.

제 전공을 감안하면 사회와의 소통 역시 충분히 할 만한, 심지어 당연하기까지 한 일입니다. 그러나 40대에는 일부러 하지 않았습니다. 소위 소통에 중독되어 연구를 소홀히 하는 경우를 종종 봤기 때문입니다. 앞으로 기회가 닿으면, 정치사상의 여러 테마를 다루는 글들, 만화 비평, 제가 경험한 좋은 글의 소개, 전시 기획 등 여러 가지 일을 시도해보고자 합니다. 사상사는 다학제적 학문이며, 그 해석 대상을 가리지 않으므로 제게는 자연스러운 일입니다.

트위터 세대와 종이 신문 세대를 아우르며 교수님의 글에 '입덕'하게 만드는 매력적인 글쓰기의 비결은 무엇인가요?

간혹 글을 잘 읽었다고 정성스러운 이메일을 보내주는 분들이 있는 것을 보면 제 글을 즐겨 읽는 분들이 어딘가 있는 것 같습니다. 아마 여느 글과 다른 점이 있어서 즐겨 읽는다고 추측해봅니다. 현재 한국어로 통용되는 글 다수에 '깊은 빡침'이 있고, 그 분노가 다른 글을 쓰게 만드는 에너지가 되는 것 같습니다.

텍스트로 소통은 활발하게 하시지만 이미지로 매스컴이나 대중 앞에 노출을 꺼리시는 이유는 무엇인가요?

자기가 모르는 불특정 다수가 자신을 알아보는 일이 과연 좋을까요? 그래서 여러 TV 출연 요청과 광고 모델 제의를 거절

해왔습니다. 그런데 TV 출연이 그 자체로 문제가 있다고 생각하지는 않습니다. 그 역시 생각을 나누는 중요한 통로라고 생각합니다. 그간 TV 출연을 자제한 이유는 크게 두 가지입니다. 첫째, 신문 기고와 달리 TV 출연은 시간 소모가 많아, 저같이 게으른 사람의 경우 자칫 연구와 교육이라는 본연의 업무에 지장을 줄지도 모릅니다. 둘째, 라디오와 달리 TV 출연은 담당 PD에게 훨씬 큰 편집권이 있어서 제 발언에 자율성을 갖기 어렵습니다. 이러한 문제들이 잘 해소된다면, TV 같은 매스컴에 출연하는 것도 나쁘지 않다고 생각합니다.

지난해 말 논어 에세이를 출간하시고 10년 동안 새로운 논어 번역서와 해설서 출간 계획을 발표하셨는데요. 동아시아 정치사상을 연구하는 학자로서 교수님께서 갖고 계신 비전이 궁금합니다.

논어 프로젝트를 통해서 고전 읽기에 관한 기존의 관행을 일신하고, 좀 더 풍부한 레퍼런스를 제공하겠다는 목표가 있습니다. 그리고 올 가을에는 1000페이지가 넘는 '중국 정치사상사'를 출간할 계획인데, 중국 정치사상에 관한 기존 내러티브를 일신하고, 한국 정치사상사 연구를 위한 기초를 제공할 수 있었으면 좋겠습니다. 향후 과제로는 '한국 정치사상사' 저술이 있는데, 상당한 건강, 노력, 지원, 행운이 따라야 하는 일이라서, 실현 가능성은 좀 더 지켜보아야 할 것 같습니다. 그밖에도 나름 흥미롭게 여기는 계획이 있으나 비밀입니다.

앞으로 어떤 정년을 맞이하고 싶으신가요?

우선, 부끄럽지 않은 직장에서 정년을 맞고 싶은 꿈이 있습니다. 직장이 너무 부끄러운 곳이 되면, 많은 이들이 견디지 못하고 학교를 떠나버리겠지요. 근년에 서울대가 점진적으로 나아지는 것 같아 다행이라고 생각합니다. 이제 점진적 개선에 만족하지 말고, 과감한 개혁을 할 때라고 생각합니다. 다만, 관료적인 시각을 가지고 개혁해서는 안 된다고 생각합니다. 저는 서울대가 논문을 얼마나 양산하는지, 노벨상 수상자를 배출하는지 등에는 별 관심이 없습니다. 그보다는 서울대가 매사에 좀 더 지적으로 활성화된 곳이기를 바랍니다. 교육제도 개편이든 총장제도 개선이든 매사에 대학이라는 이름에 걸맞은 지적인 토론이 일어나고, 그에 어울리는 양질의 텍스트가 유통되기를 바랍니다. 행사를 위한 행사, 프로젝트를 위한 프로젝트는 그만해도 좋다고 생각합니다. 개인적으로는, 직업윤리에 충실했던 사람으로 정년을 맞을 수 있기를 염원합니다. 심사를 맡은 논문은 늘 꼼꼼히 읽는 교수, 맡은 수업에 변함없이 충실한 교수로 있다가 은퇴하는 것이 소망입니다. 불성실한 수업을 하며, 합당한 자격이나 성취가 없는데도 수상 경력을 쌓아나가는 교수는 되고 싶지 않습니다.

교수님의 졸업식 축사 모음집이 (서울대학교 대나무숲 페이지에서) 화제가 된 적이 있습니다. 서울대인으로서 졸업 전에 갖추어야 하는 자질이 있다면 무엇인지, 또 졸업 후에 서울대인이 어떤 자세로 살아가길 바라는지 다시 한번 당부하신다면.

음, '서울대인'이라니, 뭔가 닭살이 돋아 날아갈 것 같은 표현이군요. 한국의 대학이 예식을 자주 치르기는 하지만 제대로 치르지는 않는다는 인상을 갖고 있었습니다. 그러던 차에 학과장을 맡아 정말 졸업생들에게 건네고 싶은 이야기를 졸업식사에 담고 싶었습니다. 졸업 이후에도 그 졸업식사들을 다시 읽어보고 기운을 얻는다는 말을 전해 듣고 기뻤습니다. 학교 혹은 사회에서 살아간다는 것은, 돈을 넣고 캔커피를 뽑아 마시는 것과 다릅니다. 학생들과 졸업생들이 자신이 속한 곳에서 참여의 몫을 늘 상기하고 살았으면 좋겠습니다. 그리고 자신의 머리를 정크 메일로 가득한 메일함이 되지 않게 하는 것이 중요합니다. 그러려면 학창 시절에나 졸업한 이후에나 좋은 배움의 기회를 목마른 사람처럼 찾아다녀야 한다고 생각합니다. 지적 사기꾼들을 조심하면서.

휴식에 대한 공상

한 학기 동안 수고 많았습니다. 오늘 수업을 끝으로 다시는 여러분들을 볼 기회가 없을지도 모르겠네요. 가끔 자신은 이렇게 좋은 학점을 받을 자격이 없으니 제발 성적을 낮추어 달라고 찾아와 울부짖는 학생들이 있는데, 그러지 말기 바랍니다. 매주 써야 하는 글이 버거워서 이탈한 학생들이 얼마나 많았습니까. 끝까지 버틴 것만으로도 대단합니다.

마지막 수업 주제는 휴식입니다. 산악인 존 크라카우어는 어떤 바보라도 정상에 오를 수 있지만, 그보다 중요한 것은 살아서 돌아가는 것이라고 말한 적이 있습니다. 공부의 길에서 살아 돌아오는 일은 중요합니다. 우리는 인생을 갈아 넣는 데는 익숙해도 잘 쉬지는 못하는 것 같습니다. 쉬고 싶어도 쉴 수 없는 게 이 땅의 현실이지만, 언젠가 도래할 휴식에 대해 생각해봅시다.

공부에 매진해본 사람만이 제대로 쉴 수 있습니다. 당겨진 활시위만이 이완될 수 있듯이, 공부라는 긴장을 해본 사람만이 휴식이라는 이완을 체험할 수 있습니다. 공부를 못하는 것은 부끄럽지 않지만, 공부를 안 해서 제대로 못 쉬는 것은 부끄럽습니다. 공부를 열심히 할수록 쉬는 일은 쉬워집니다. 평소에 걷기만 하는 사람은 걷는 일이 휴식이 될 수 없겠죠. 늘 누워 있는 사람은 걷는 일조차 고역이겠죠. 그러나 마라톤을 하는 사람에게 걷는 일 정도는 휴식입니다. 평소에 책을 별로 안 읽는 사람은 책 읽는 일이 휴식이 될 수 없겠죠. 평소에 아무것도 읽지 않는 이에게는 읽는 것 자체가 고역이겠죠. 그러나 평소에 어려운 책을 읽는 이에게 어지간한 독서는 다 휴식이 됩니다.

평소에 열심히 공부했으면 쉴 수 있는 기본기가 생긴 셈입니다. 이제 어떻게 쉴까요? 자빠져 잘까요? 물론 잘 수만 있으면 좋죠. 그러나 함부로 낮잠을 자면 수면 패턴이 깨집니다. 나이가 들수록 잠드는 일은 쉽지 않습니다. 예민한 사람은 돌로 베일을 만든다는 자세로 하나하나 긴장을 풀어야 곤히 잠들 수 있습니다. 일본의 소설가 오에 겐자부로는 《만엔 원년의 풋볼》에서 "잠들어라, 잠들어라, 그것이 불가능하다면 잠든 인간을 모방하라"고 한 적이 있죠.

휴식의 초심자들은 아무것도 안 하는 게 쉬는 일이라고 생각합니다. 그러나 아무것도 안 하기란 정말 어렵습니다. 사람의 의식은 어딘가 몰입할 대상을 찾고, 그러지 못할 때는 불안해지거나, 권태를 느끼기 십상입니다. 그래서 가만히 있기보다는 산책을 권합니다. 음악이나 팟캐스트를 듣지 않고 그냥 걷기만 하는 것이 효과적인 휴식 방법입니다. 그 휴식은 창조의 원천이 되기도 합니다. 제임스 조이스의 《율리시스》에서 스티븐 대덜러스와 레오폴드 블룸과 마리언 블룸, 버지니아 울프의 《댈러웨이 부인》에서 댈러웨이 부인이 걷고 있는 데는 다 이유가 있습니다.

앞으로 걷는 것만 휴식은 아닙니다. 퇴행도 휴식입니다. 어려운 글을 쓰던 사람이 쉬운 글을 쓰고, 어려운 말을 하던 사람이 쉬운 말을 하면, 그 순간 휴식이 됩니다. 장중한 연설 대신 건배사, 소네트(sonnet) 대신 삼행시에 잠시 탐닉해보는 거죠. 그것도 아니라면, 부정확한 표현을 사용해서 아무 말이나 지껄이면 그것도 휴식이 됩니다. 뭐가 부정확한 표현인지 잘 모른다면, 변증법, 앙가주망, 유교, 진정성, 정면 돌파 하겠습니다, 다 내려놓겠습니다, 유감입니다, 사이좋게 지내자, 진심을 담았습니다, 잇힝, 한민족 불굴의 DNA, 뭐 이런 표현들을 막 섞어 쓰면 됩니다. 오래 이 짓을 하면 사람이 망가지는 수가 있으니, 시간을 정해놓고 혼자 하는 게 좋습니다.

휴식의 궁극은, 빈둥거리며 여행하기입니다. 헤밍웨이는 젊은 시절에 파리에 살아보면, 남은 생애 어디에 있더라도 파리는 당신과 함께할 거라고 너스레를 떤 적이 있죠. 여행은 피곤한 일이지만, 멋진 곳에 가서 빈둥거리는 일은 그 피곤을 상쇄할 활력을 줍니다. 프랑스도 좋겠지만 저는 이탈리아를 추천합니다. 왜 이탈리아냐고요? 고대부터 현재까지 이탈리아 반도에는 뭔가 최고인 부분이 지속적으로 존재해왔기 때문이죠. 그 흔적이 현재까지 상당히 많이 남아 있기 때문이죠. 아니 그보다는 정말 맛있는 티라미수 파는 곳을 제가 알고 있기 때문이죠. 남들이 인도에 가서 자아를 찾을 때, 이탈리아에 가서 티라미수를 먹으며 자아를 잊는 겁니다.

버지니아 울프는 이렇게 말했습니다. "무슨 수를 써서라도 여행하고 빈둥거리며, 세계의 미래와 과거를 성찰하고 책을 읽고 공상에 잠기며, 길거리를 배회하고, 사고의 낚싯줄을 강 속에 깊이 담글 수 있기에 충분한 돈을 여러분 스스로 소유하게 되기를 바랍니다." 그러나 여러분들처럼 젊은 나이에 이탈리아 여행을 할 돈이 있기는 어렵겠죠. 그래서 약속하겠습니다. 제 수중에 혹시 천문학적인 액수의 돈이 갑자기 헐레벌떡 들어오면, 여러분들과 함께 이탈리아에 가겠습니다. 단, 이 여행을 함께하려면 몇 가지 조건이 있습니다.

공항에 내리자마자 합창합니다. "이제 단 한 끼도 소홀히 할 수 없어, 단 한 끼도!" 북 이탈리아에서 시작하여 천천히 남쪽으로 내려가며 산해진미를 즐길 생각이니까요. 이탈리아 음식 맛은 100마일마다 달라진다는 사실을 실감해야 합니다. 정말 맛있을 때는 신음소리와 함께 상모돌리기를 '시전'해야 합니다. 단, 음식 먹는 데 흥분해서 울거나 그러면 영국으로 추방되어 48시간 동안 피시앤드칩스만 먹은 뒤 다시 여행에 합류합니다. 그리고 반드시 디저트를 먹을 겁니다. 티라미수를 먹을 때는 "역시 티라미수에는 크림이 아니라 치즈를 써야 해"라고 말해야 합니다.

한국에서 옷을 많이 가져올 필요는 없습니다. 여행하면서 마음 내키는 대로 옷을 사서 입으면 되니까요. 물론 옷값은 제가 지불합니다. 청바지에 청재킷을 입는다면, 그것도 같은 직물로 된 상하의를 그렇게 입는다면, 러시아로 추방되어 48시간 곰가죽 외투만 입은 뒤 다시 여행에 합류합니다. 아, 수영복도 사야 하는군요. 따뜻한 날씨와 좋은 물을 만나면 편을 짜서 수구(水球)를 해야 하니까요.

해가 지면, 야외에 슬라이드를 설치해놓고 이미지를 감상합니다. 이탈리아에는 지역 성당이나 공공 건물에 지금은 꽤 잊힌 중세와 르네상스 화가들의 그림이 많이 남아 있습니다. 그것을 충분히 즐기기 위해서는 틈틈이 미술사를 되짚어보아야 합니다. 슬라이드 상영이 끝나고 침실로 돌아가면, 이불을 사타구니에 끼고 침대 위를 좌우로 구르면서, "매일 학교를…… 어떻게 사람이……"라고 중얼거린 뒤 잠들기를 권합니다.

여행 중에는 틈틈이 "난 언제나 바다 괴물에 대해 생각하고 있다"라는 문장을 읊어야 합니다. 언제가 좋을까요? 문어 요리를 먹든가 하다가 말하는 겁니다. "난 언제나 바다 괴물에 대해 생각하고 있다." 대화 중에 정적이 흐르면, "난 언제나 바다 괴물에 대해 생각하고 있다". 누가 무례하게 결혼 계획을 물으면, "난 언제나 바다 괴물에 대해 생각하고 있다". 언제 논문 다 쓸 거냐고 물어도 "난 언제나 바다 괴물에 대해 생각하고 있다".

19세기 독일의 작가 루트비히 베히슈타인은 〈게으름뱅이의 천국〉이라는 작품에서 맛있는 것으로 가득 찬 게으름뱅이의 천국에 들어가려면 먼저 죽으로 된 벽을 먹어서 헐어야 한다는 말로 이야기를 끝맺습니다. 이 이탈리아 여행에 참가하려면, 단테의 《신곡》을 강독해야 합니다. 《신곡》은 이렇게 시작합니다. "인생을 절반쯤 살았을 무렵, 길을 잃고 어두운 숲에 서 있는 내 자신을 발견했다. 그 거칠고, 가혹하고, 준엄한 숲이 어떠했는지는 입에 담는 것조차 괴롭고 생각만 해도 몸서리쳐진다. 죽음도 그보다는 덜 쓸 것이다……."

Devin Leonardi, Manassas Junction(2009)

그림 목록